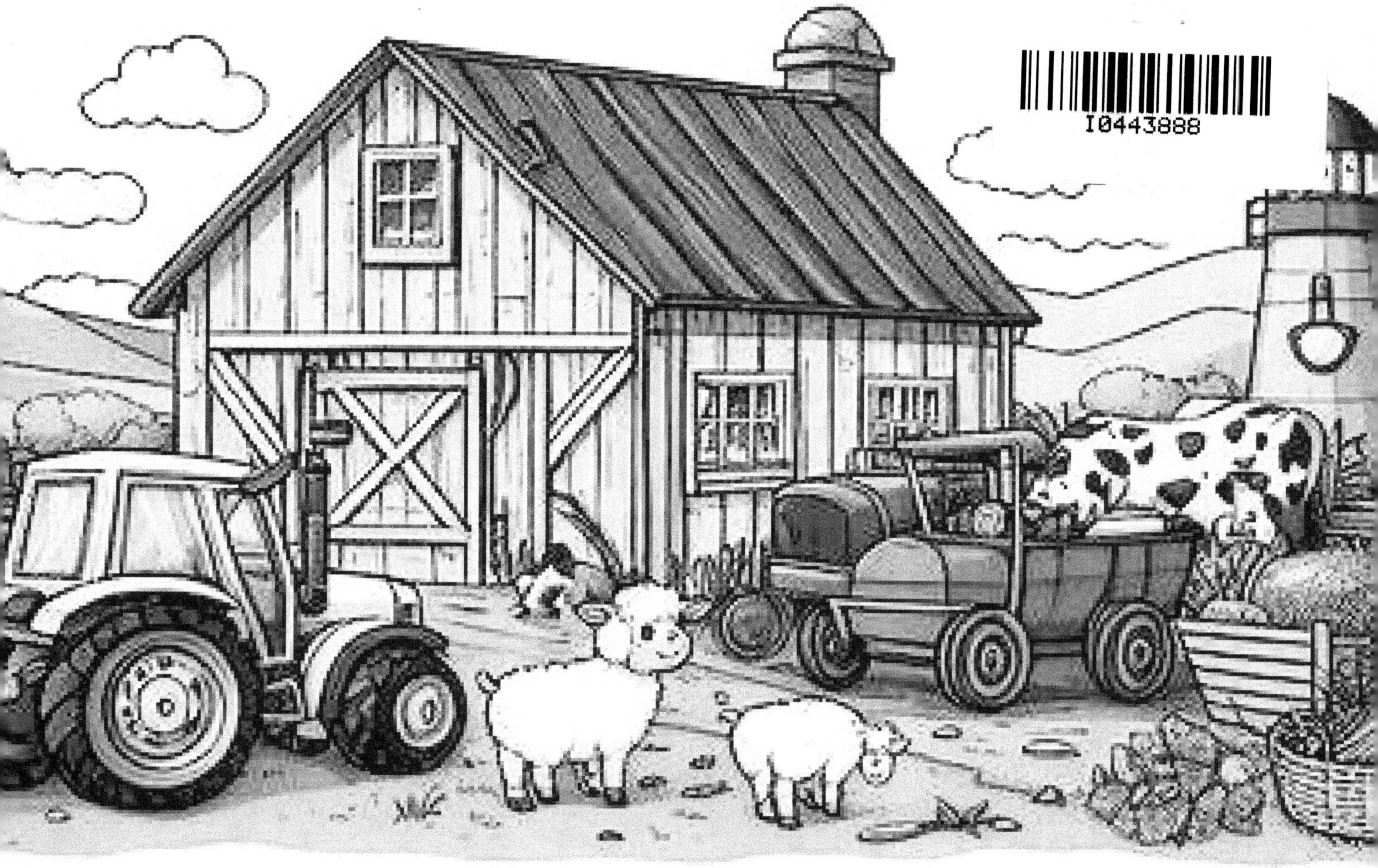

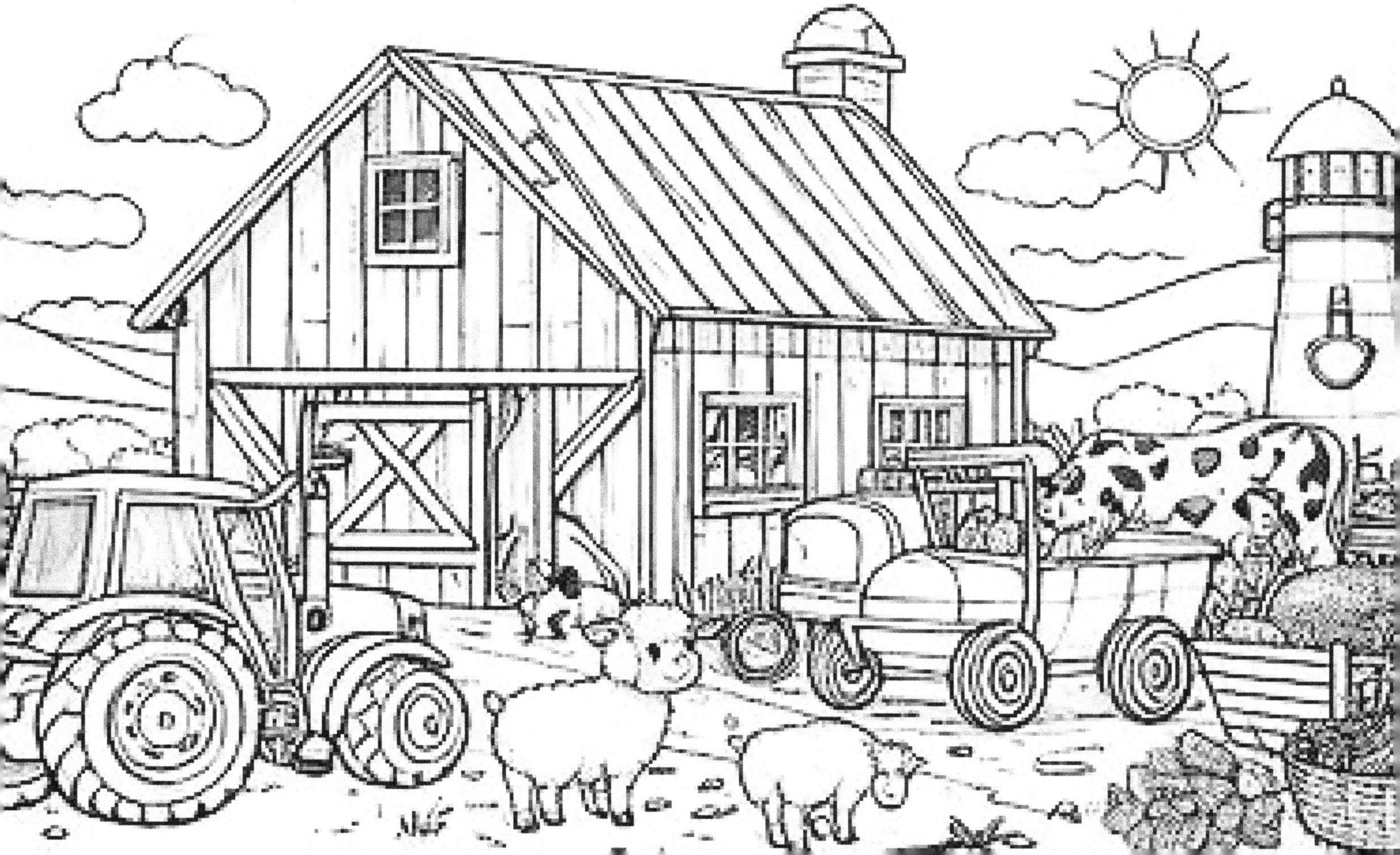

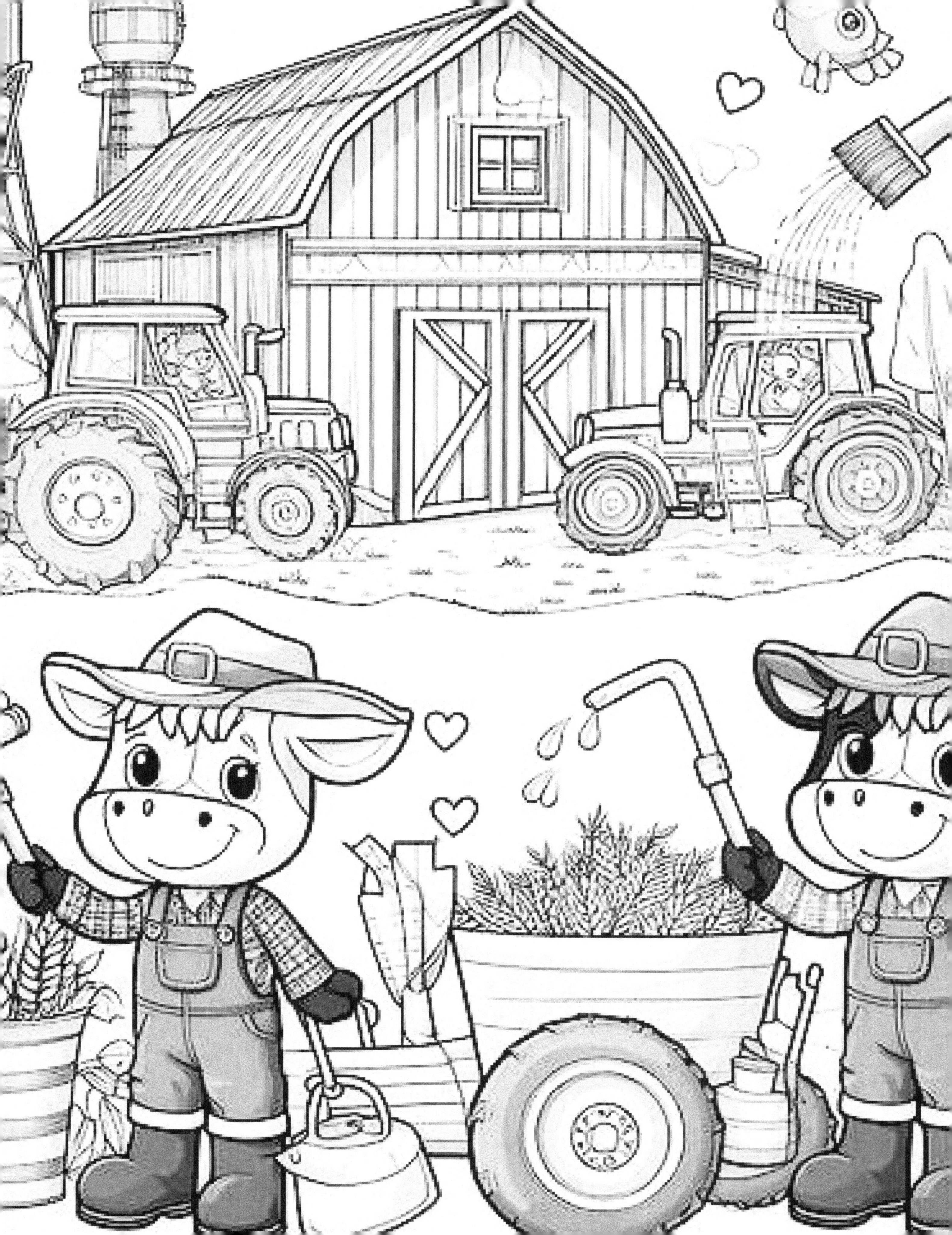

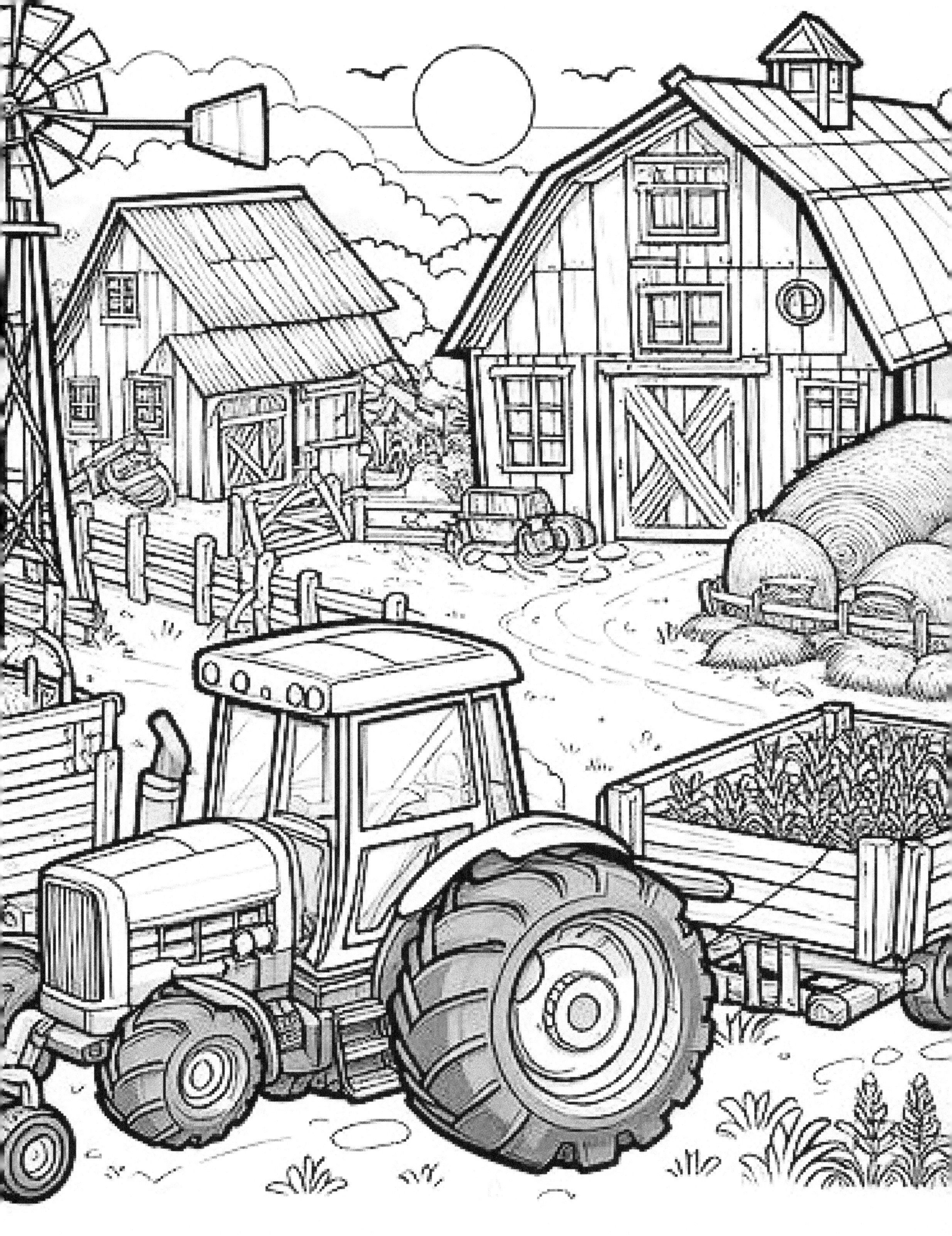

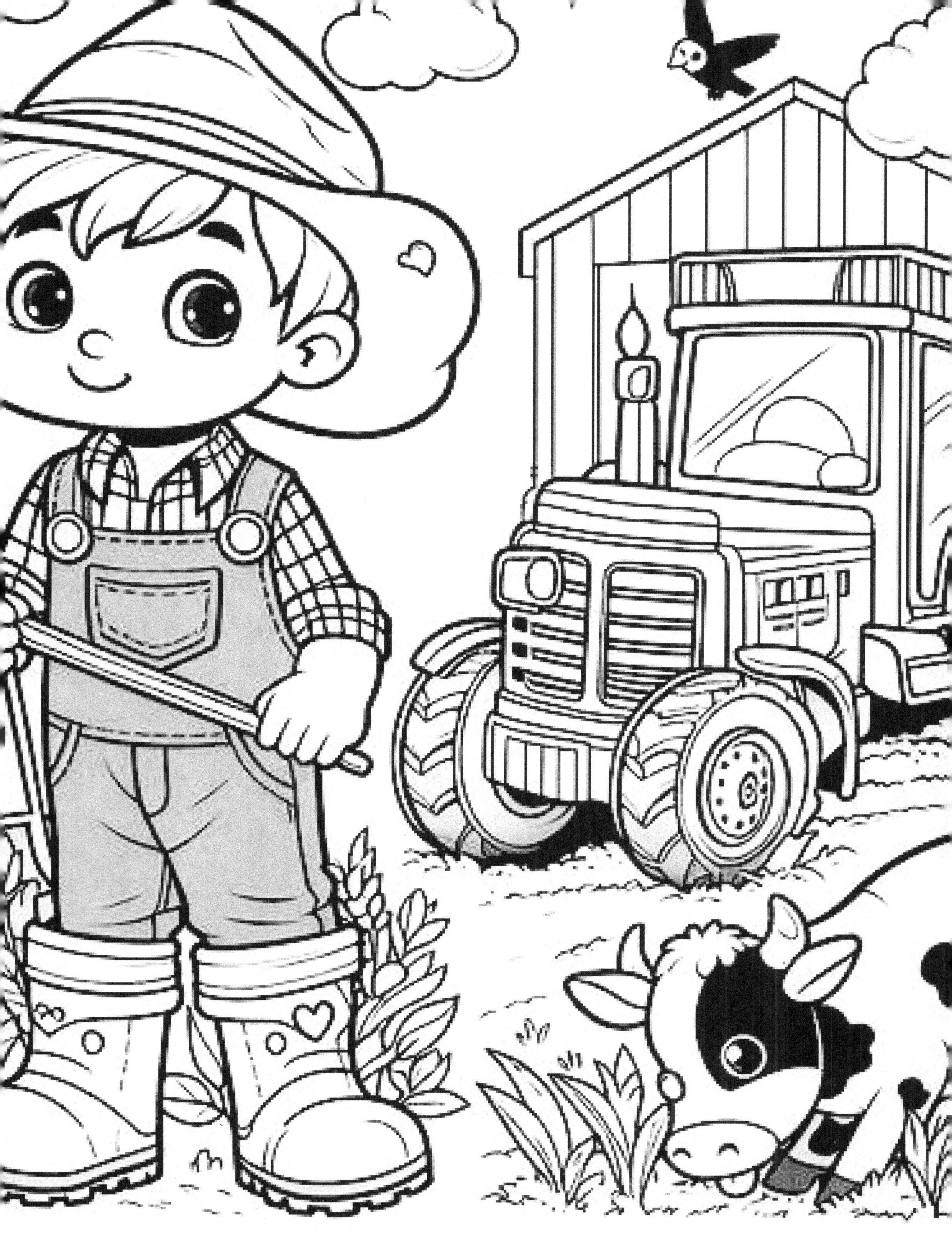

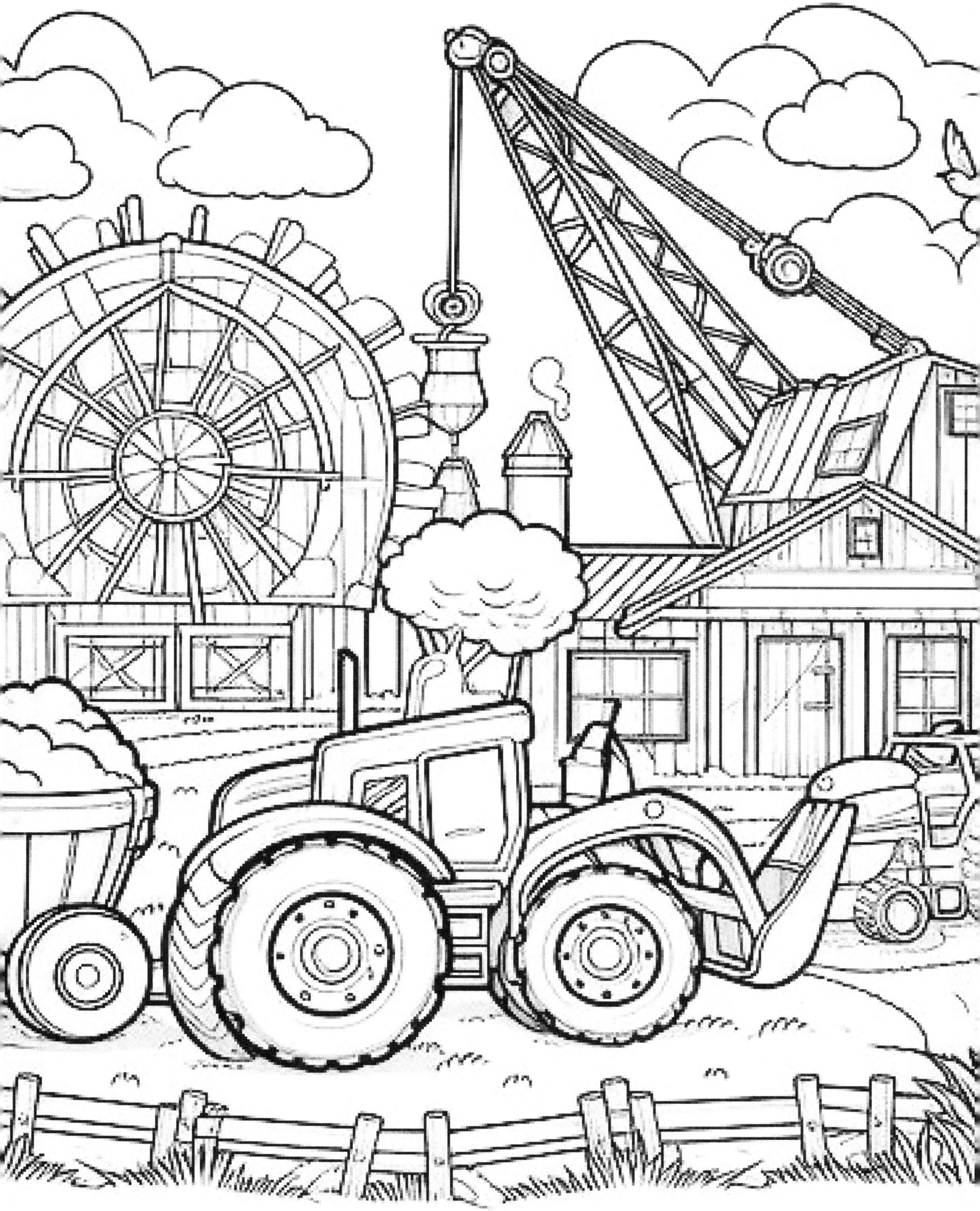

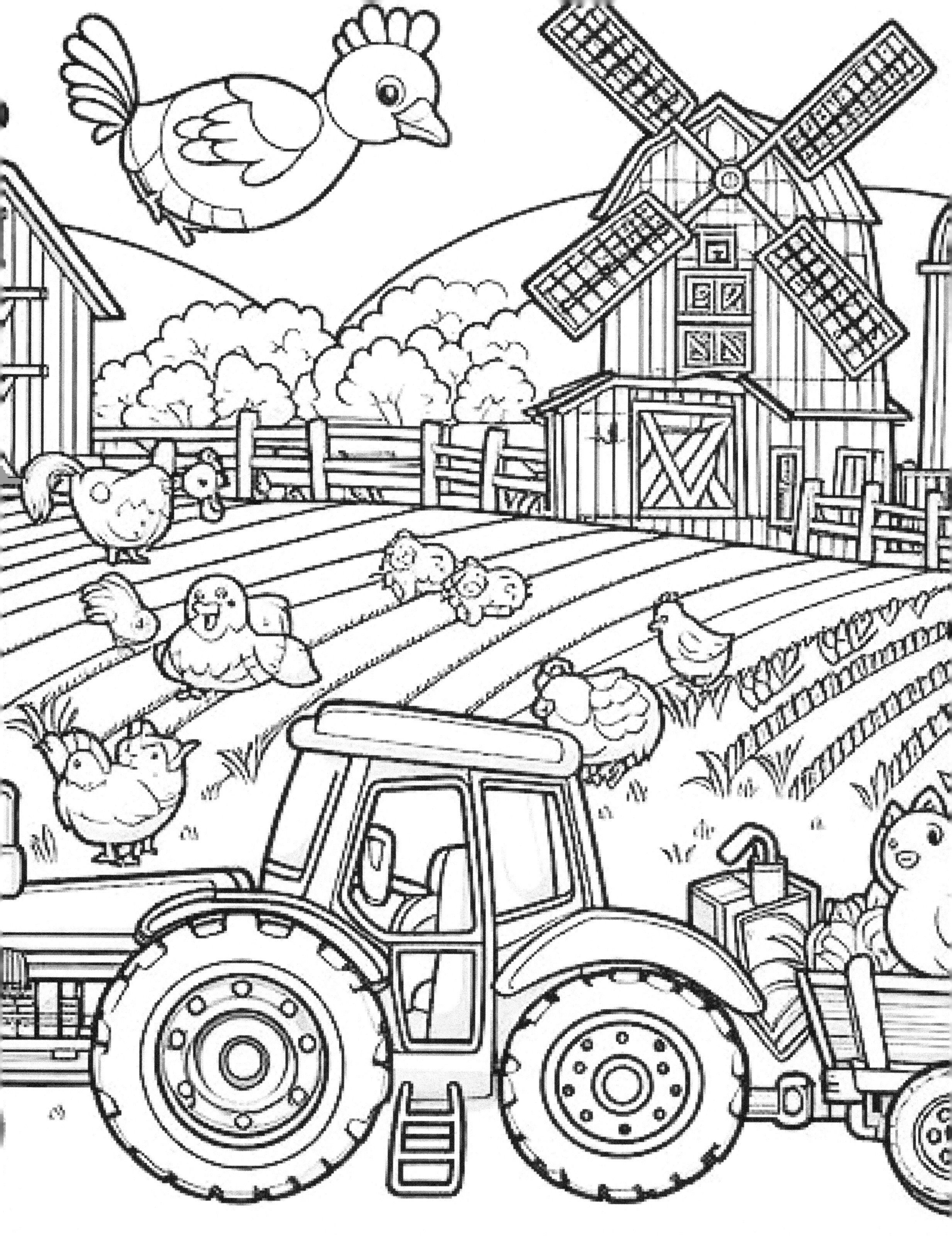

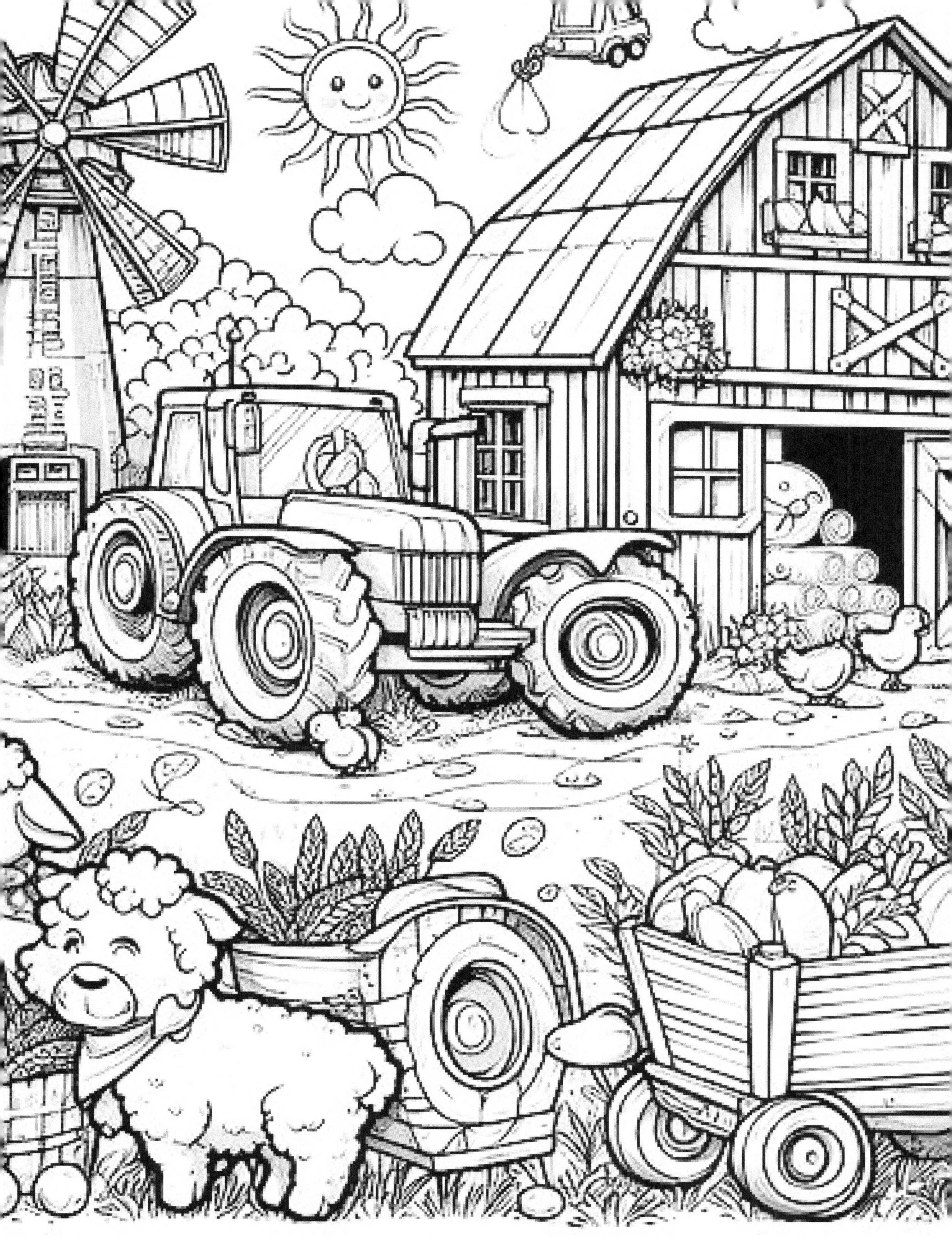

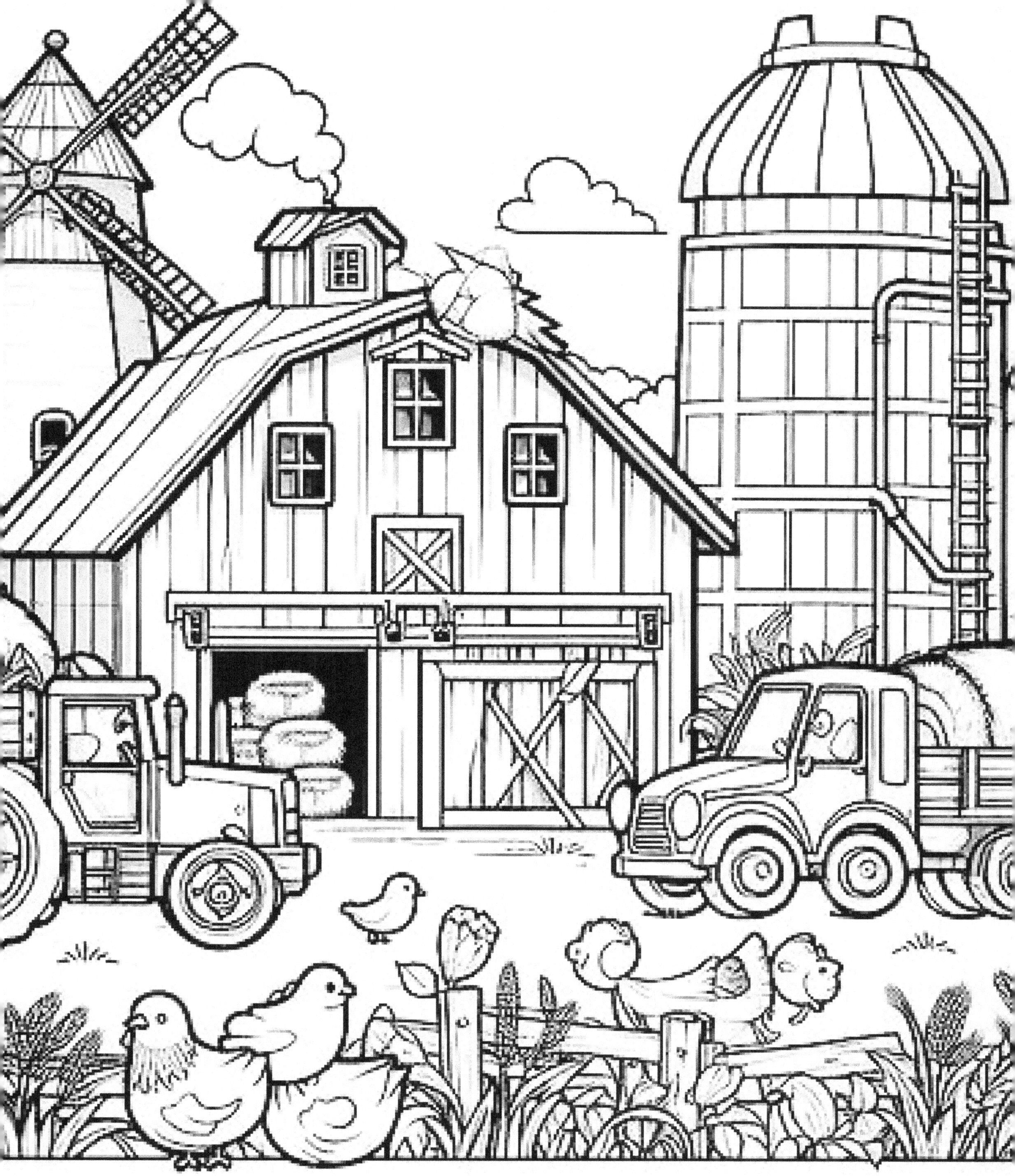

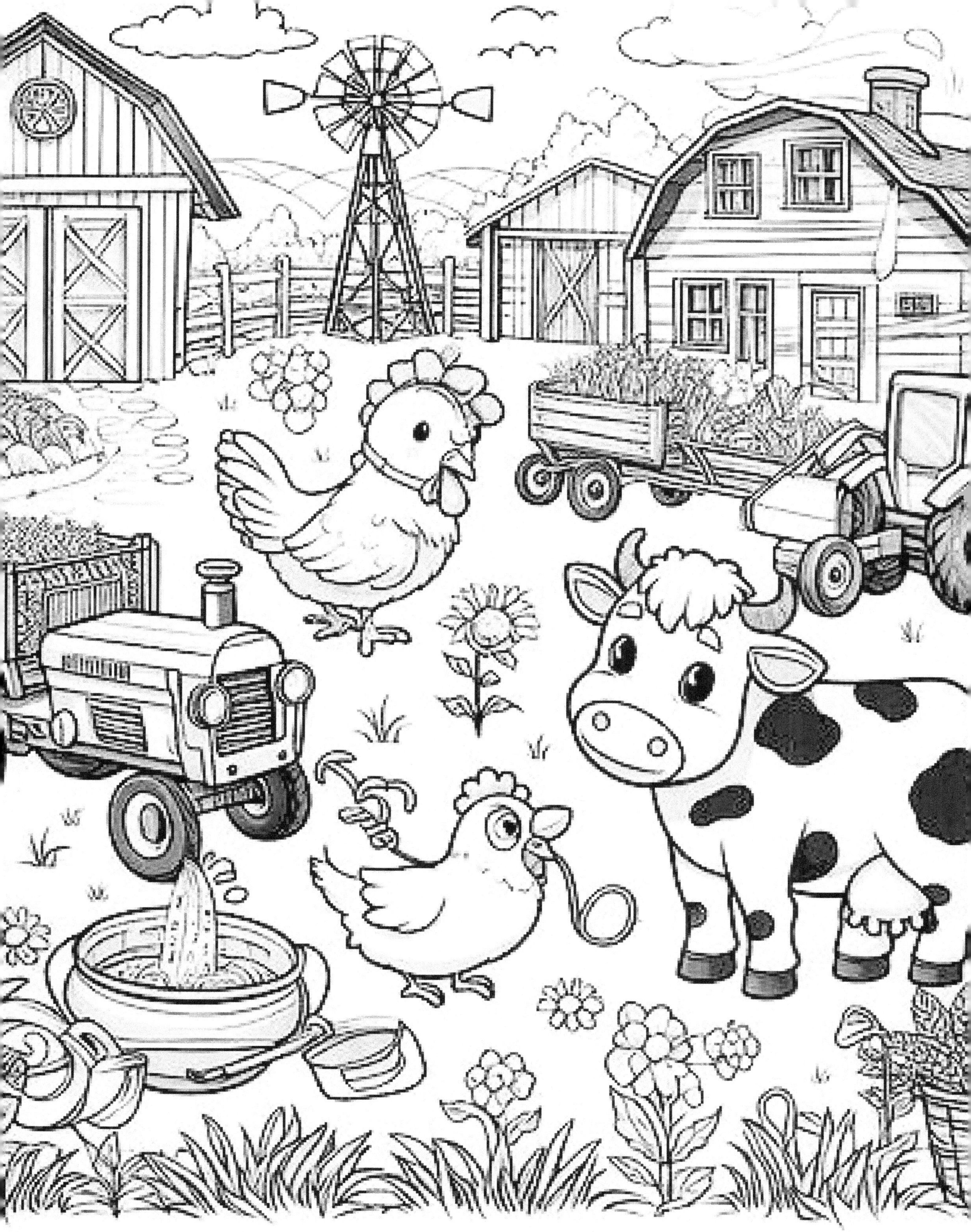

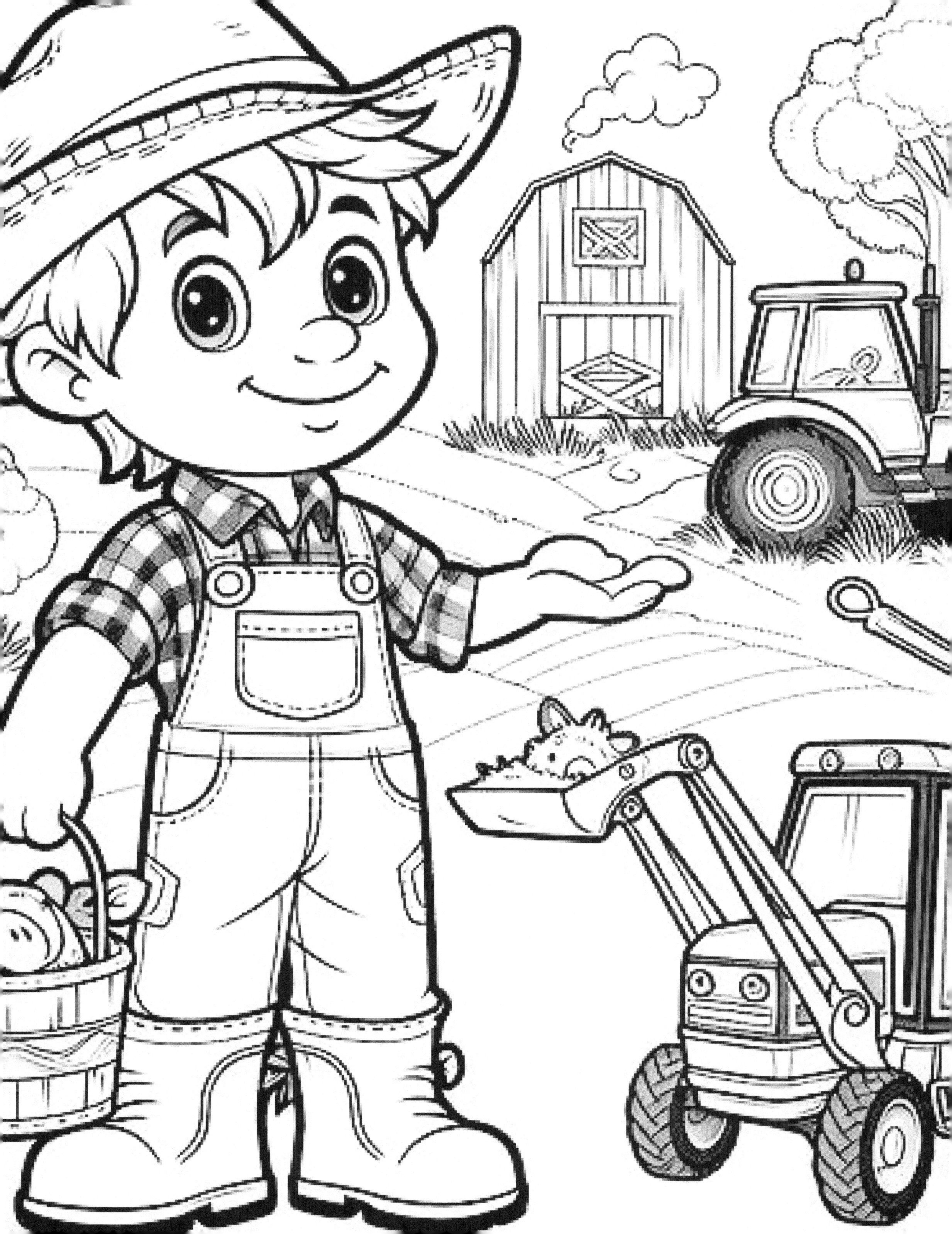

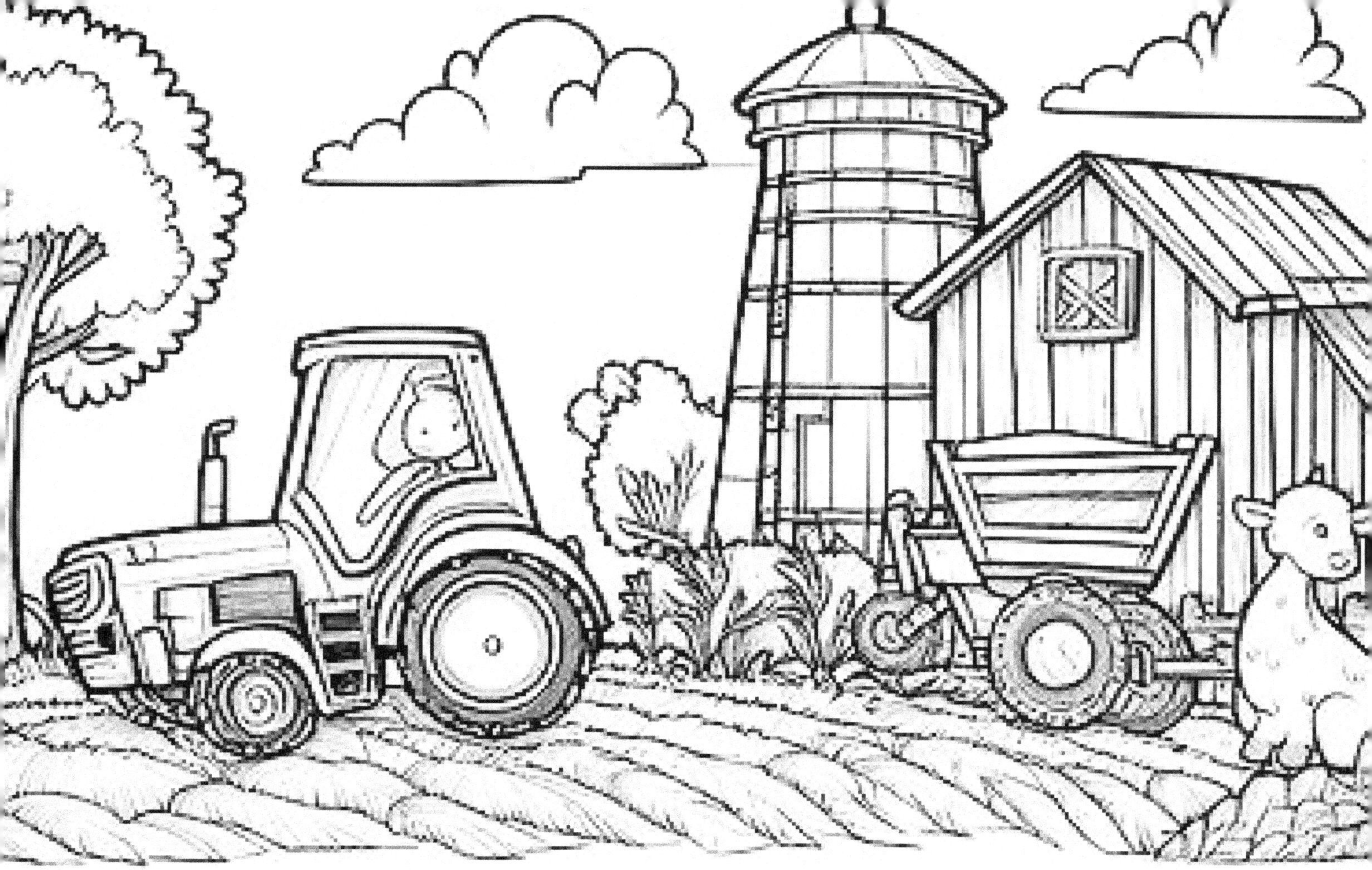

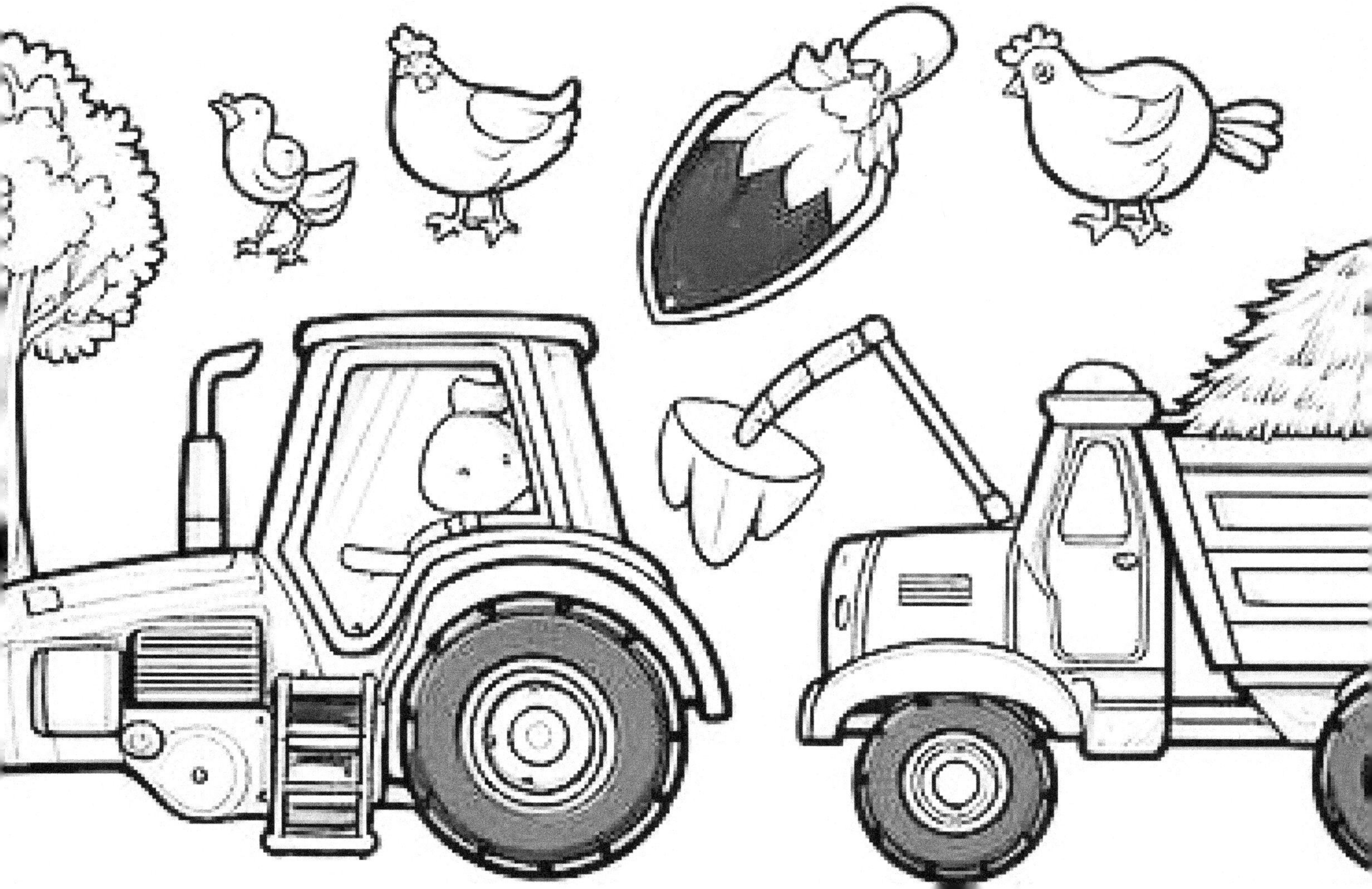

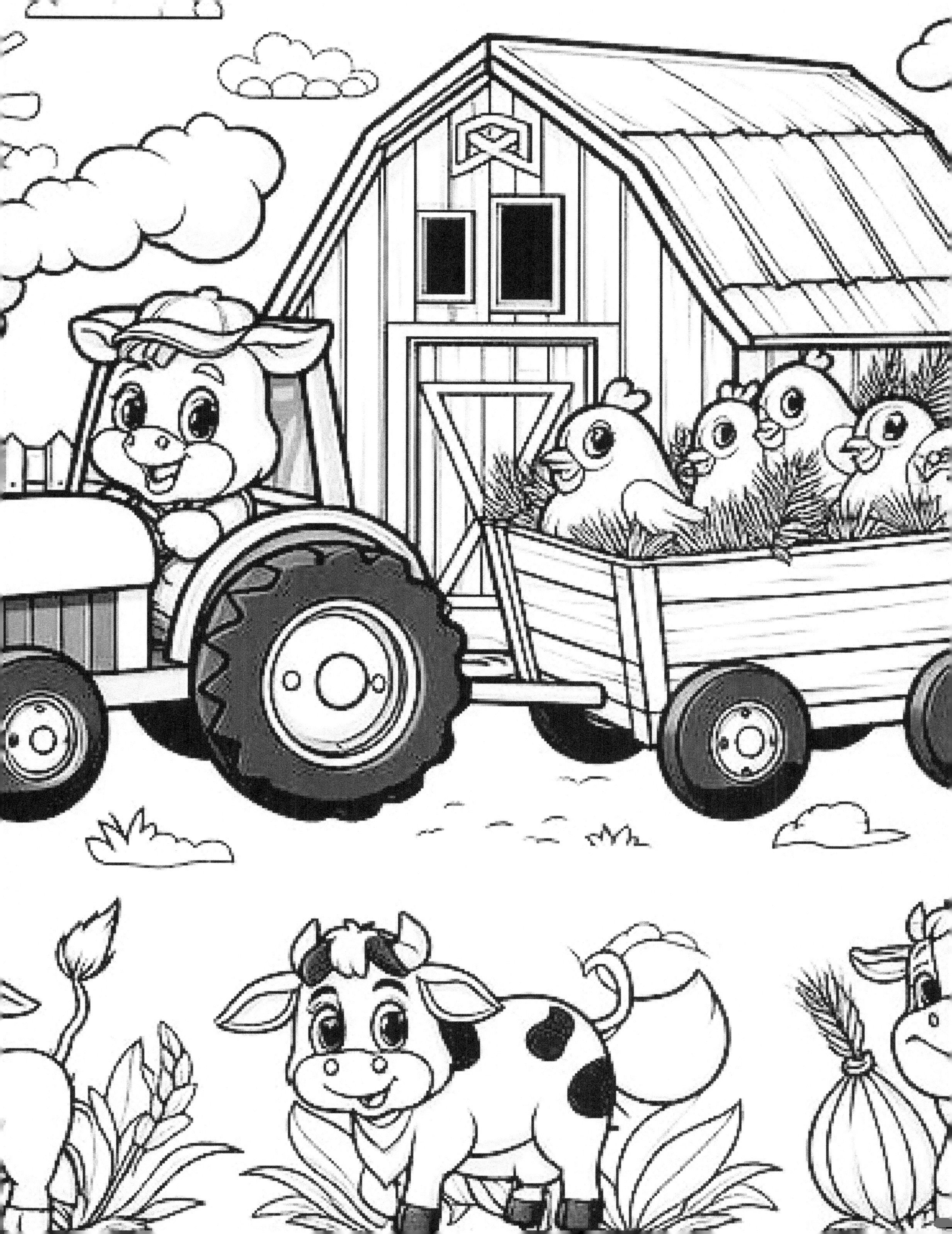

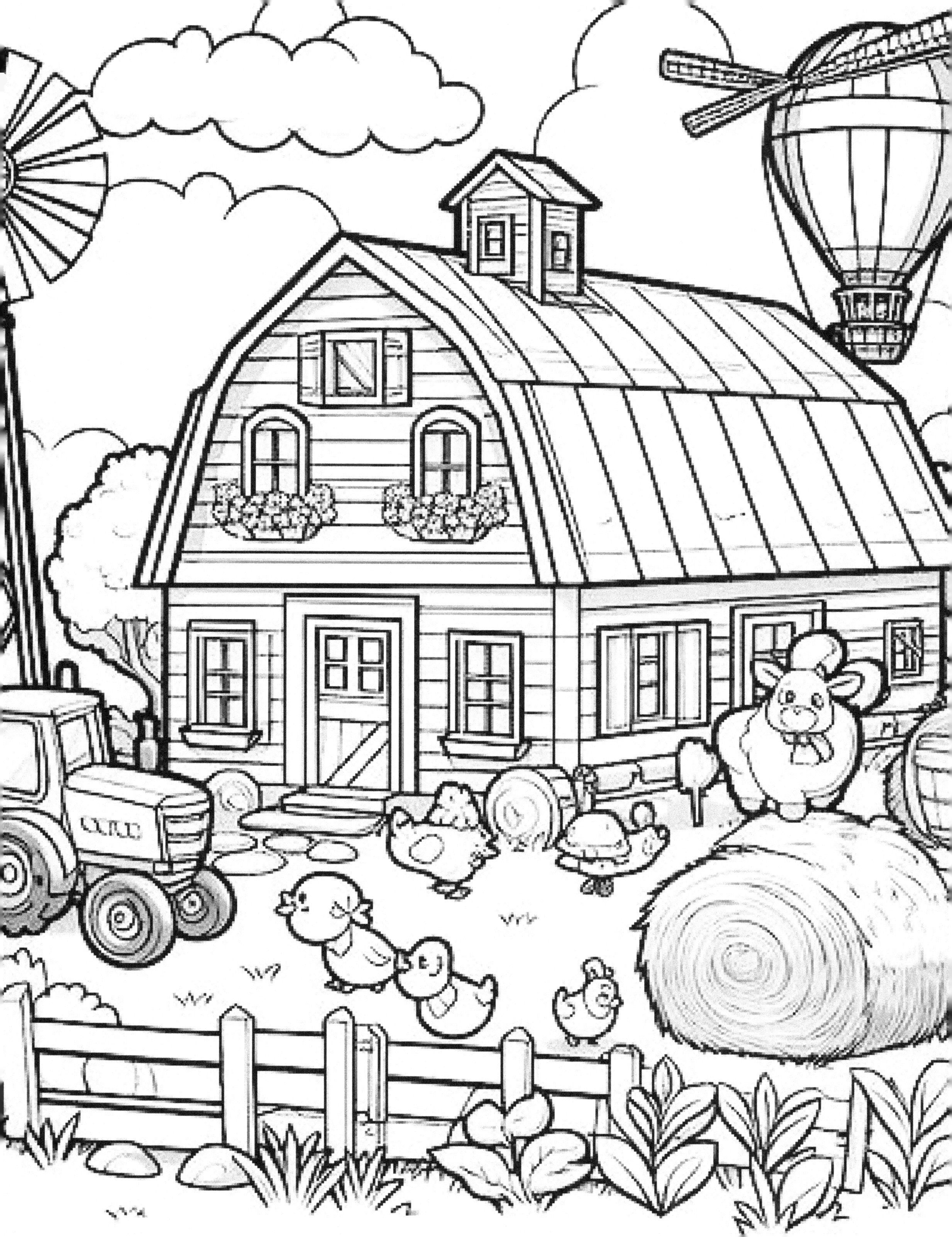

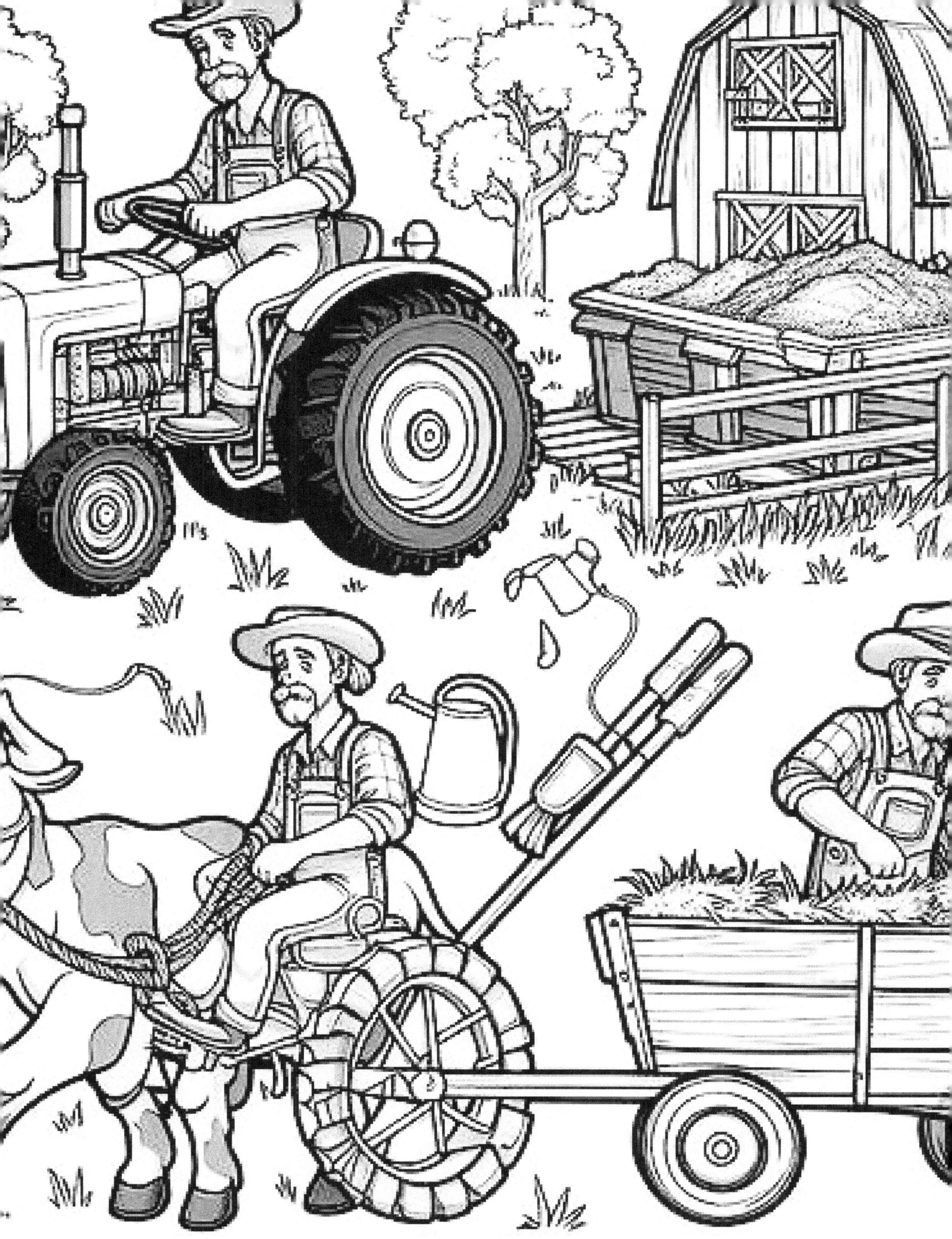

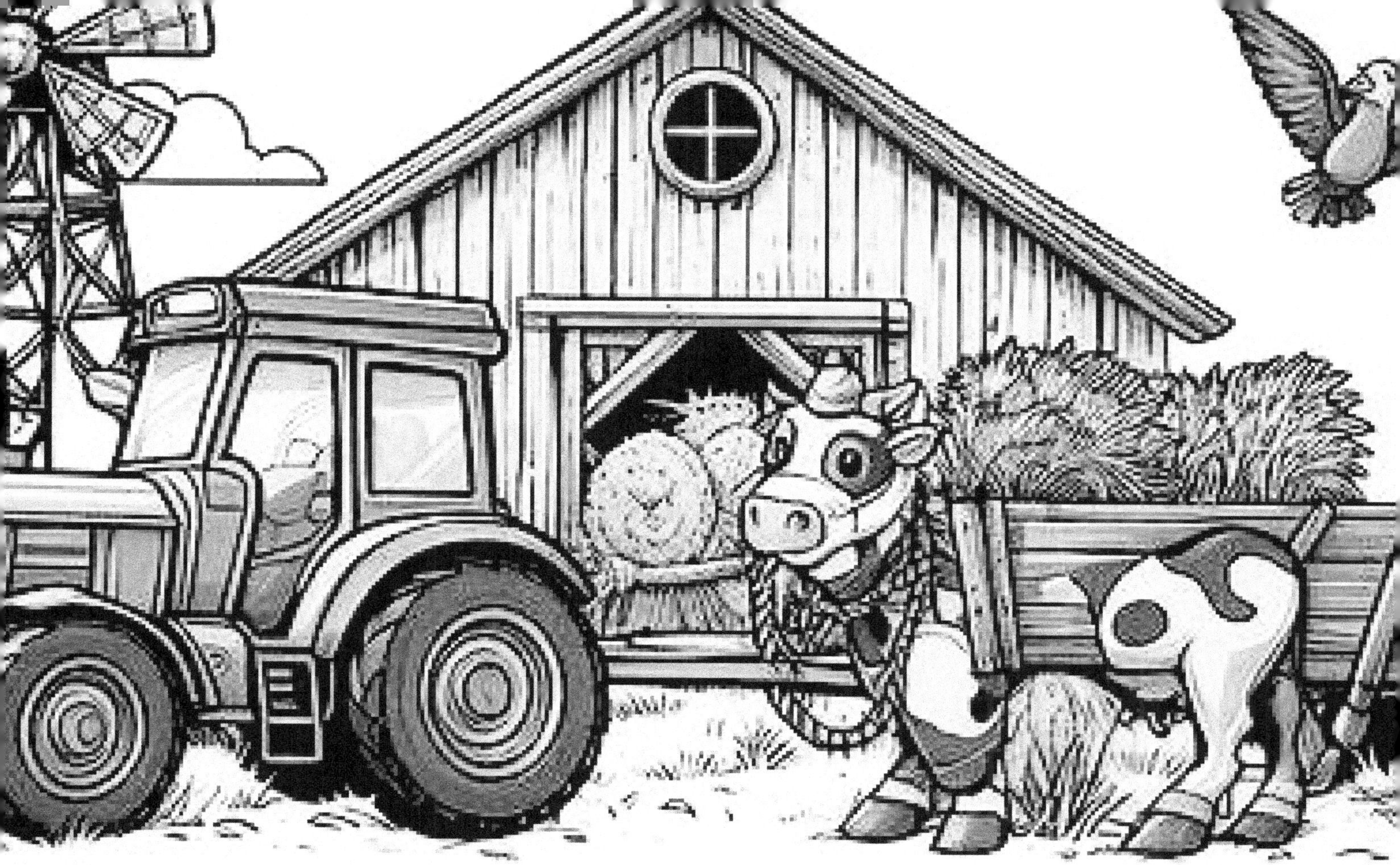
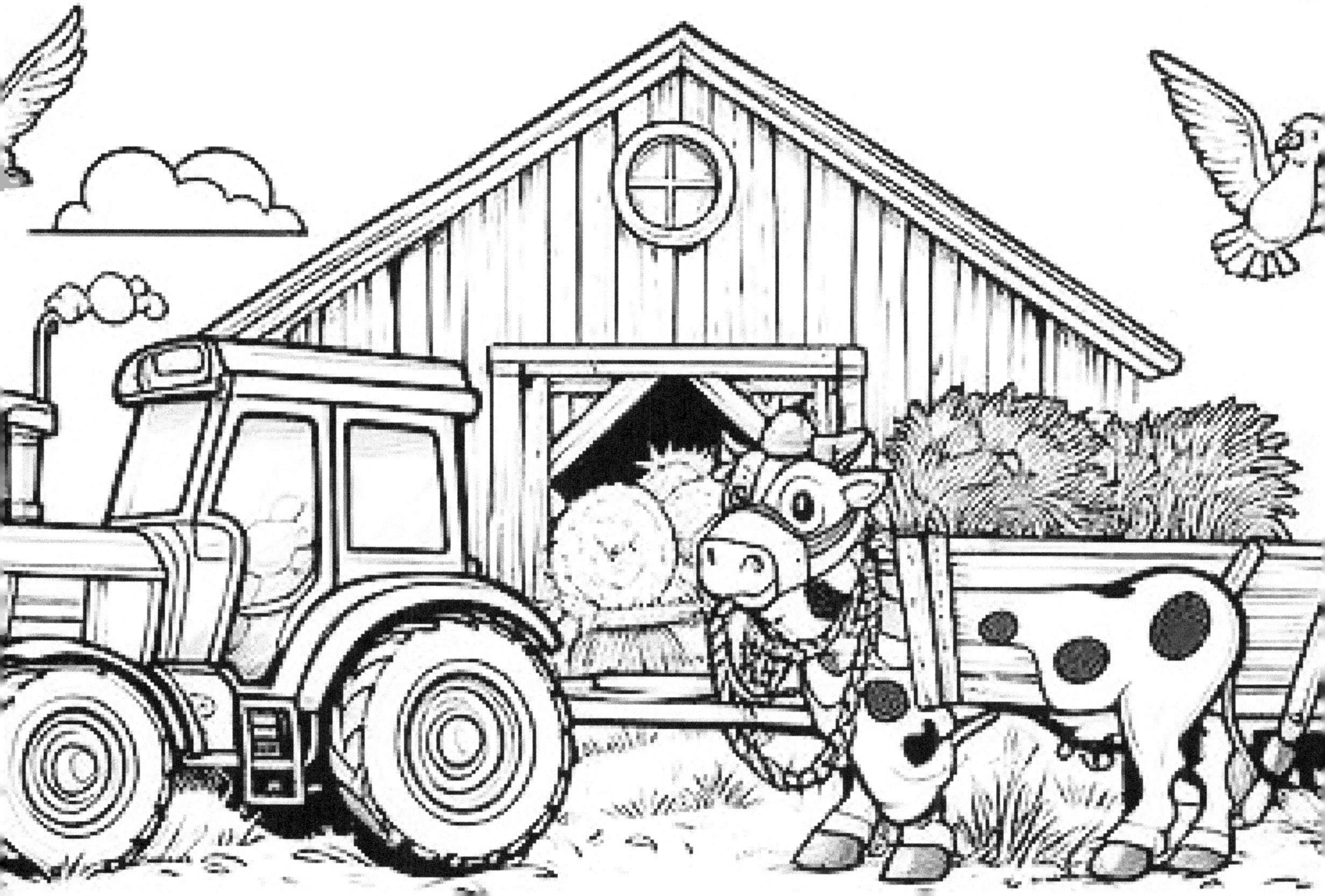

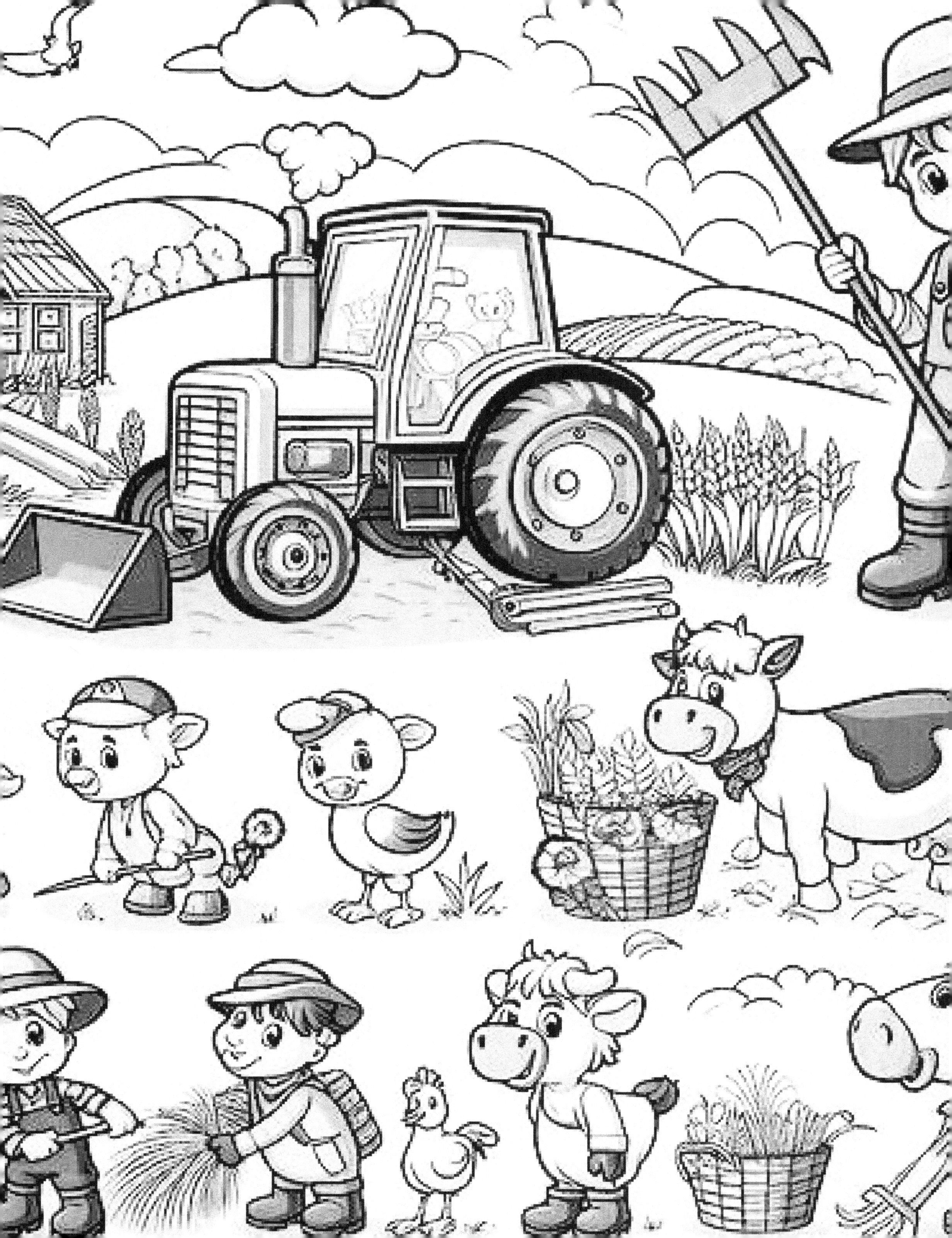

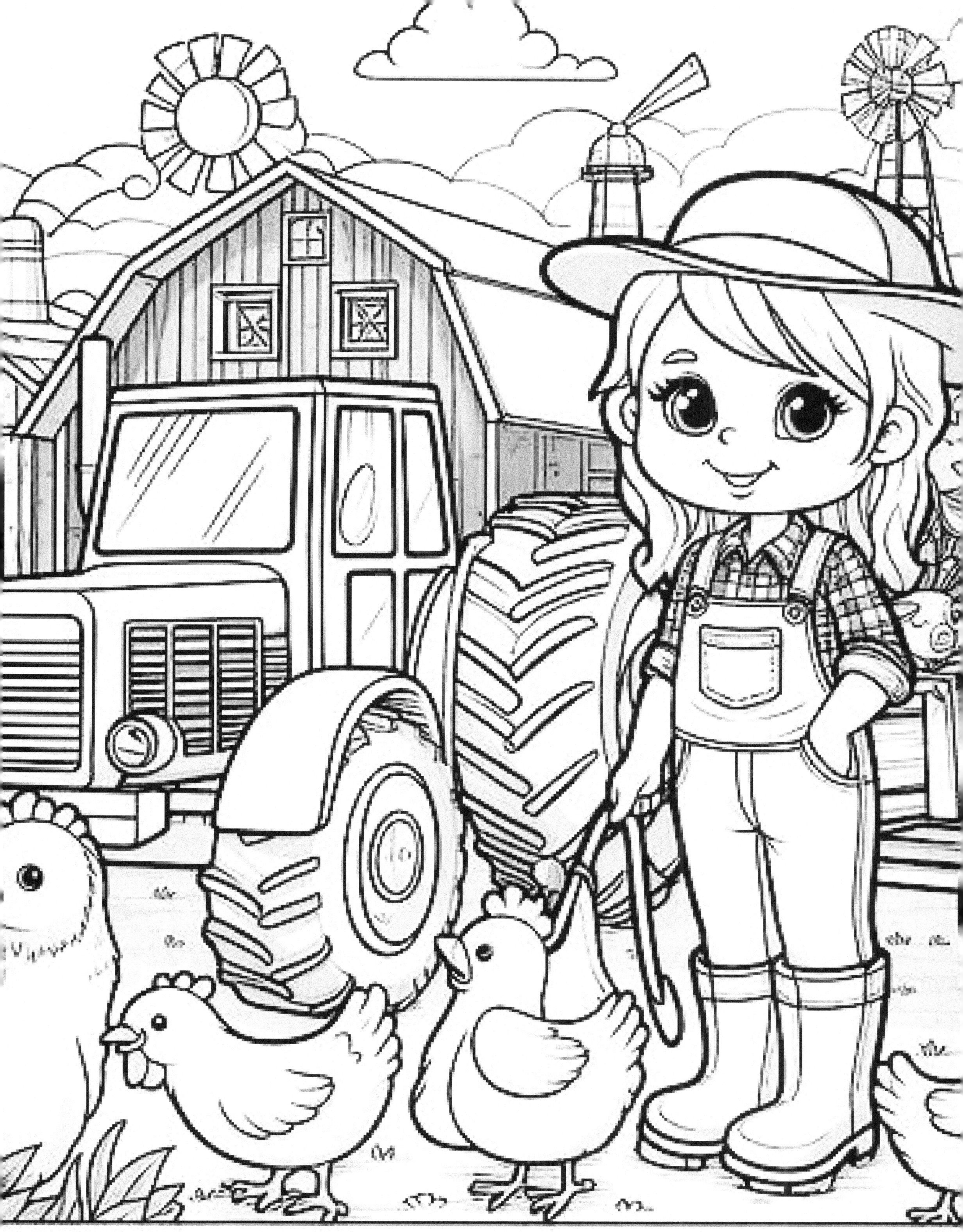

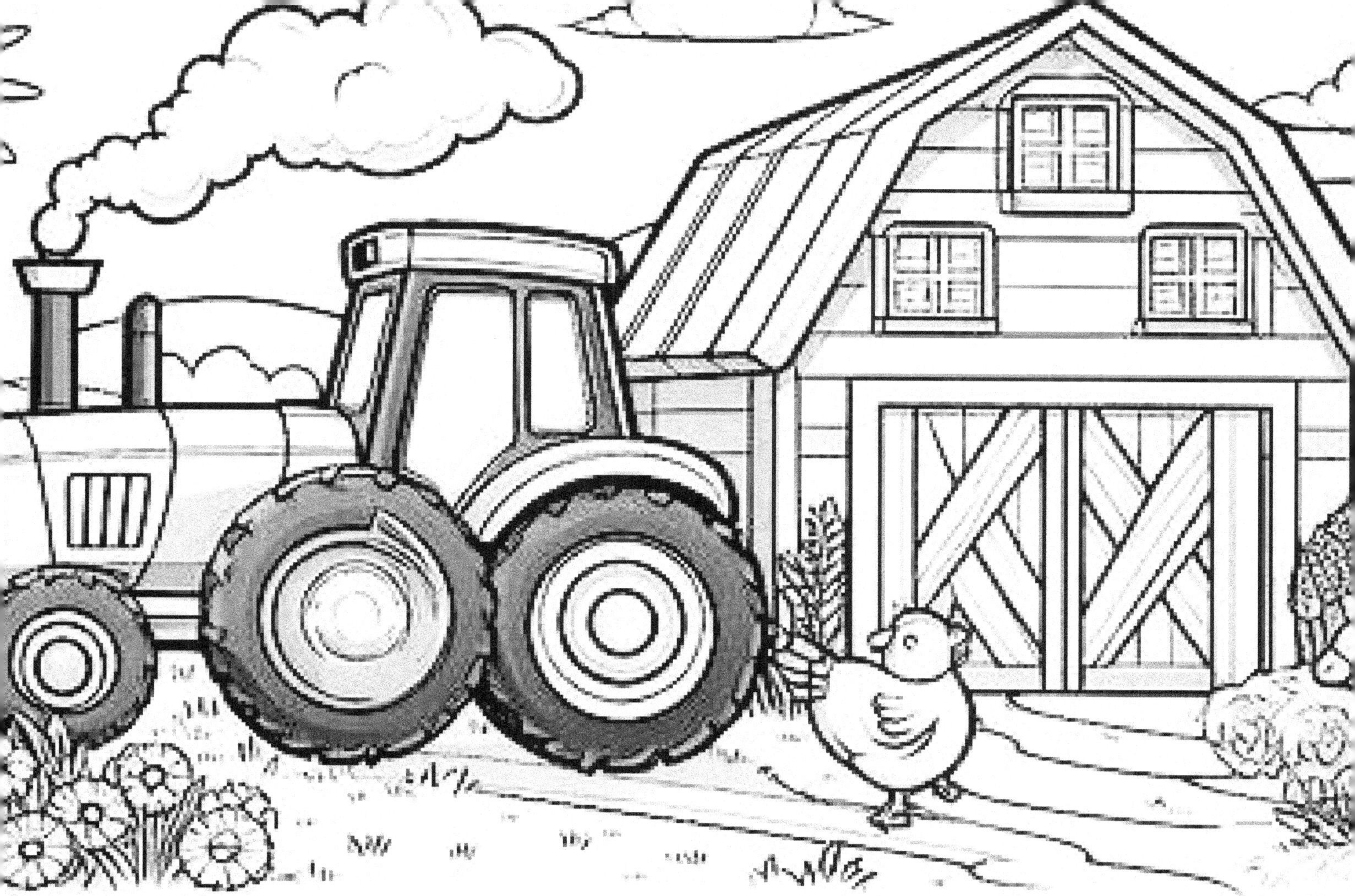

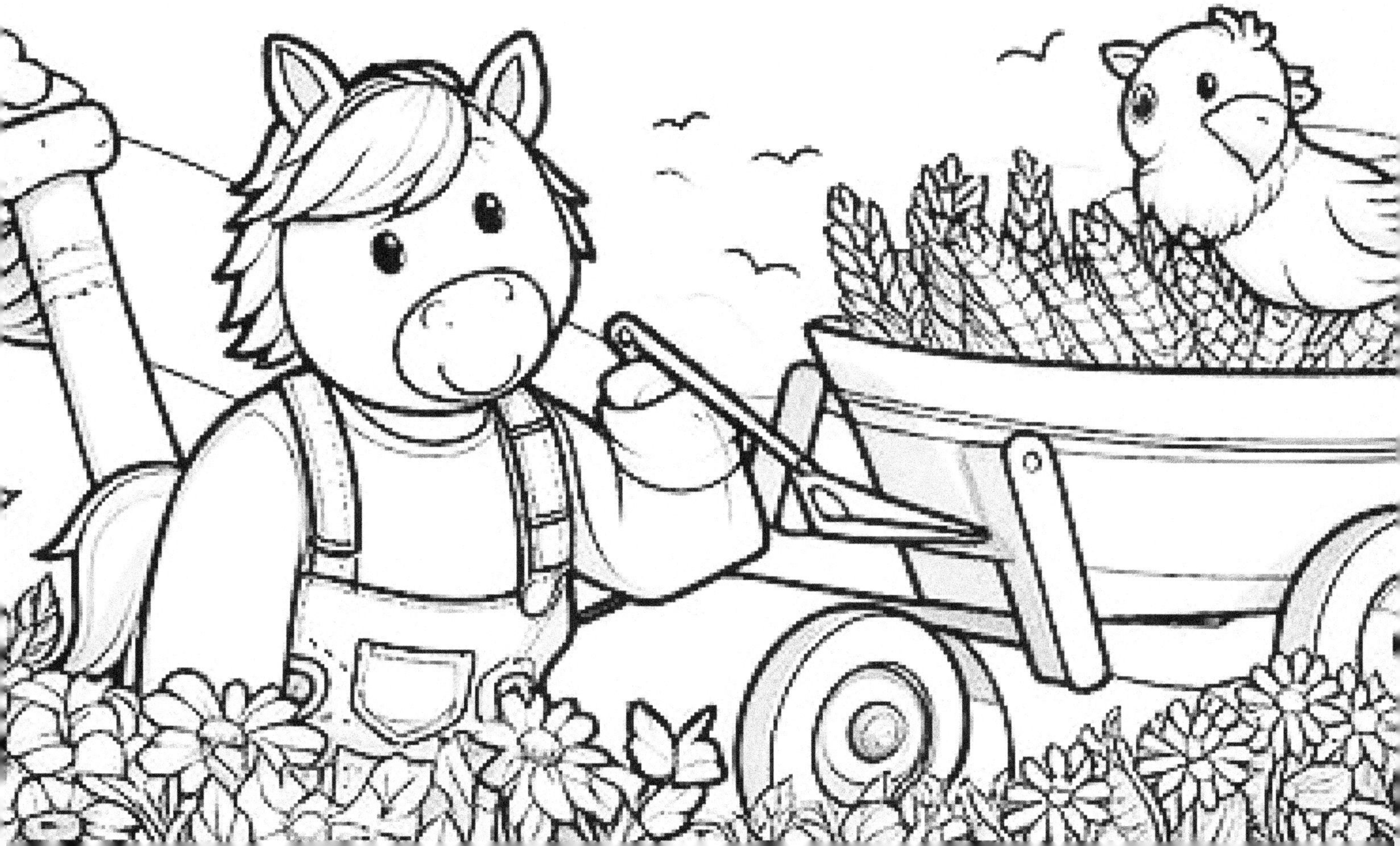

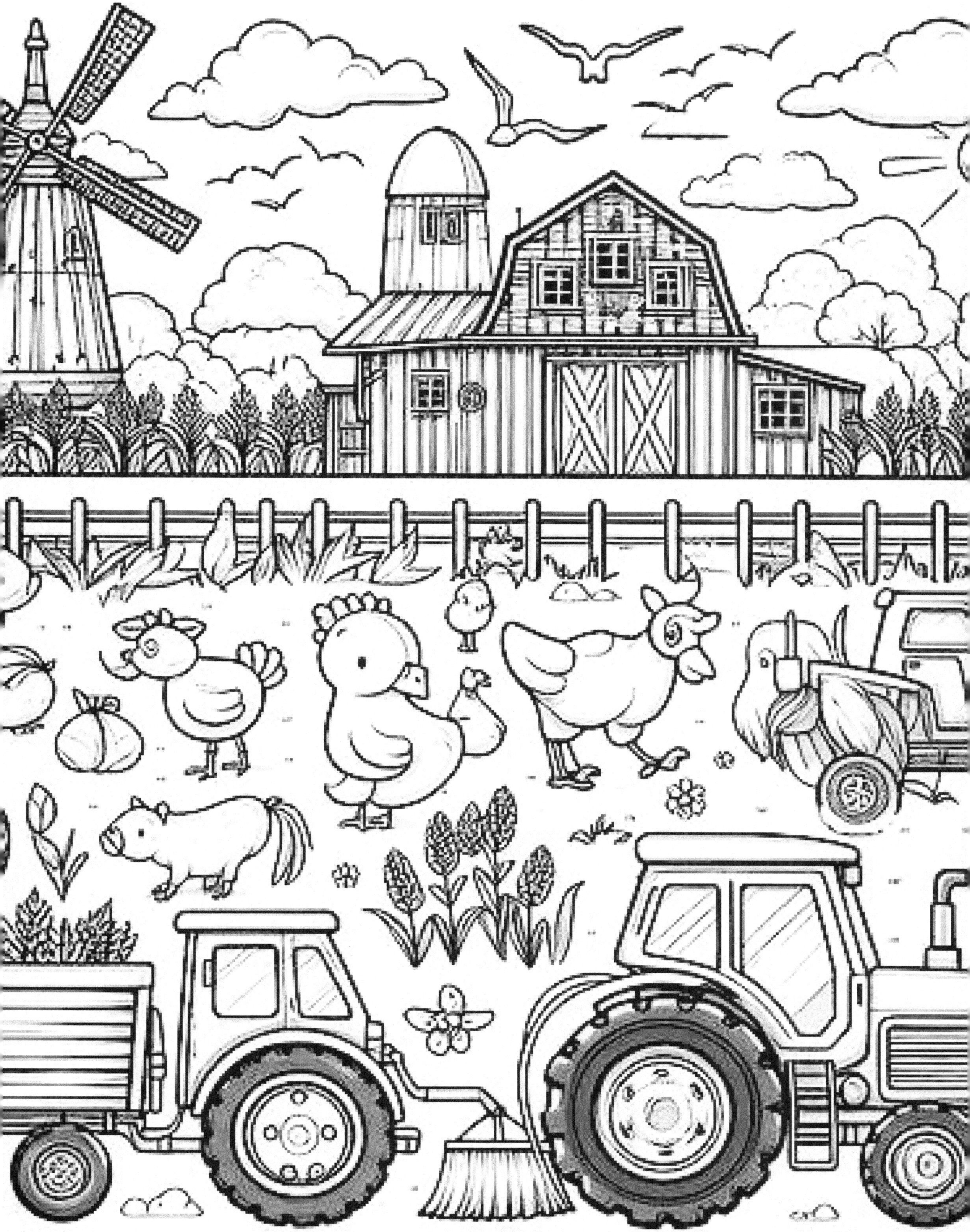

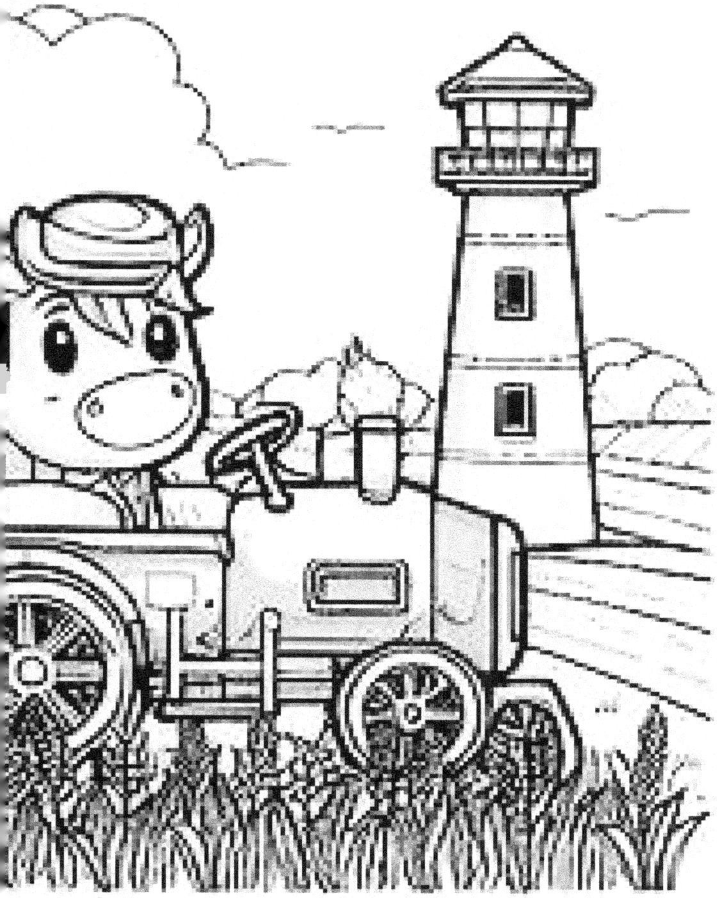
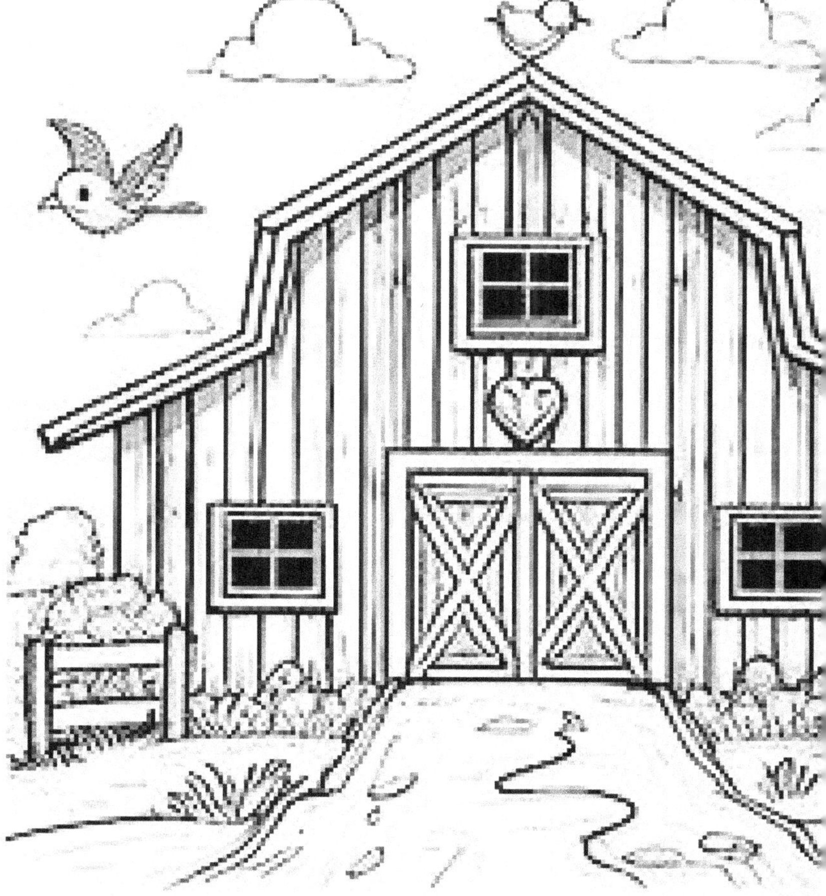
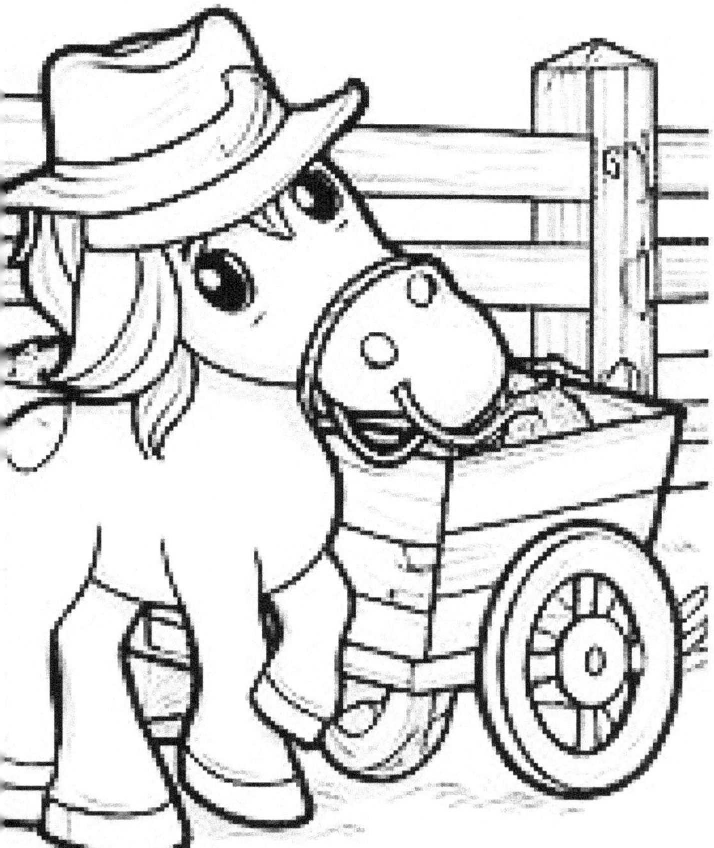
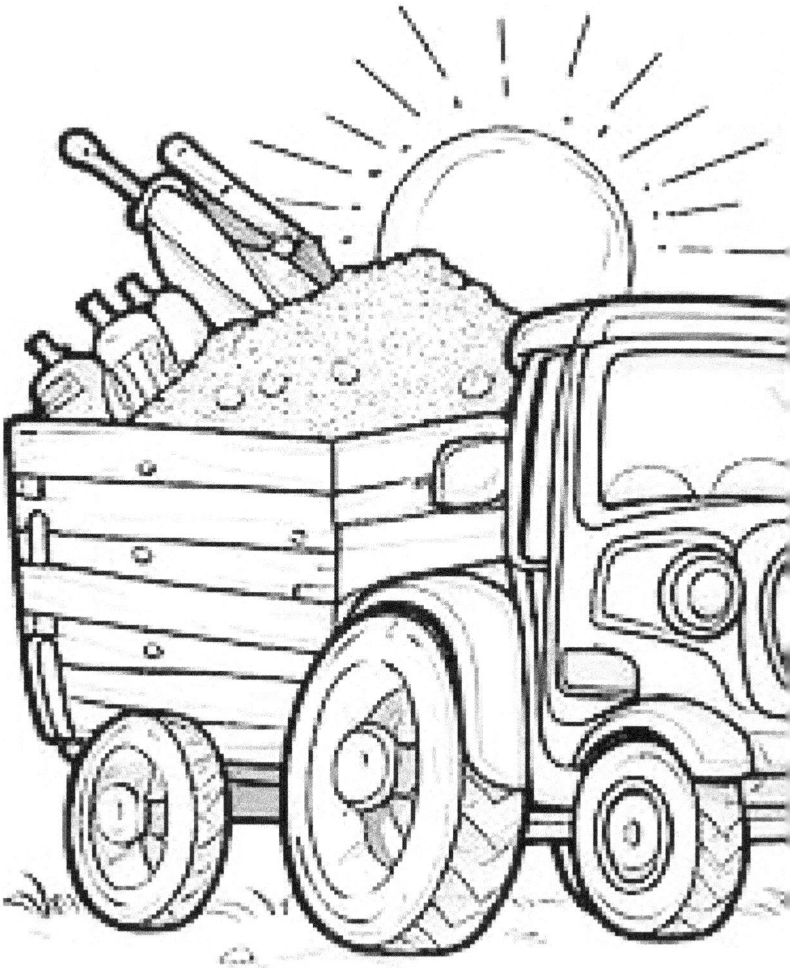

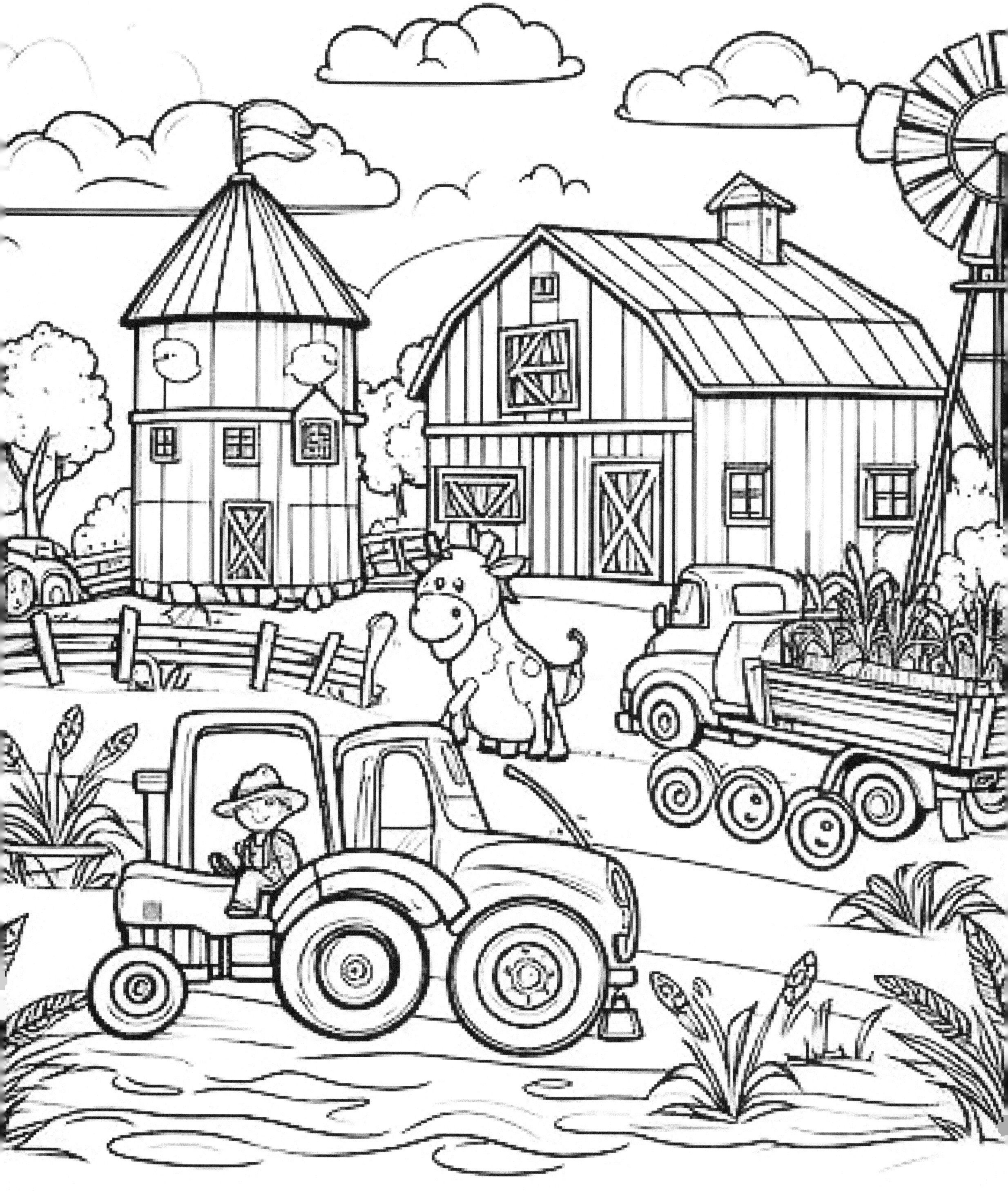

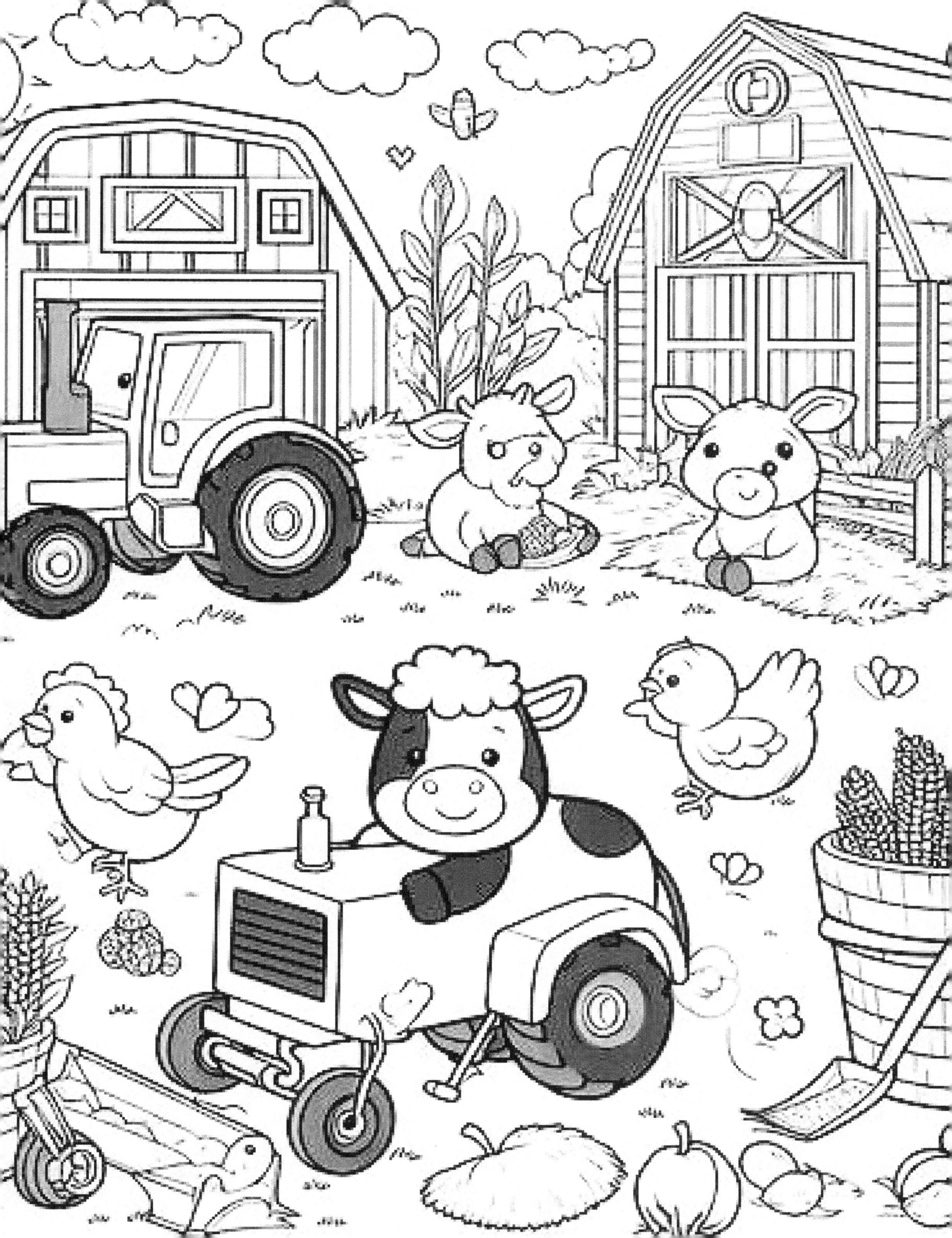

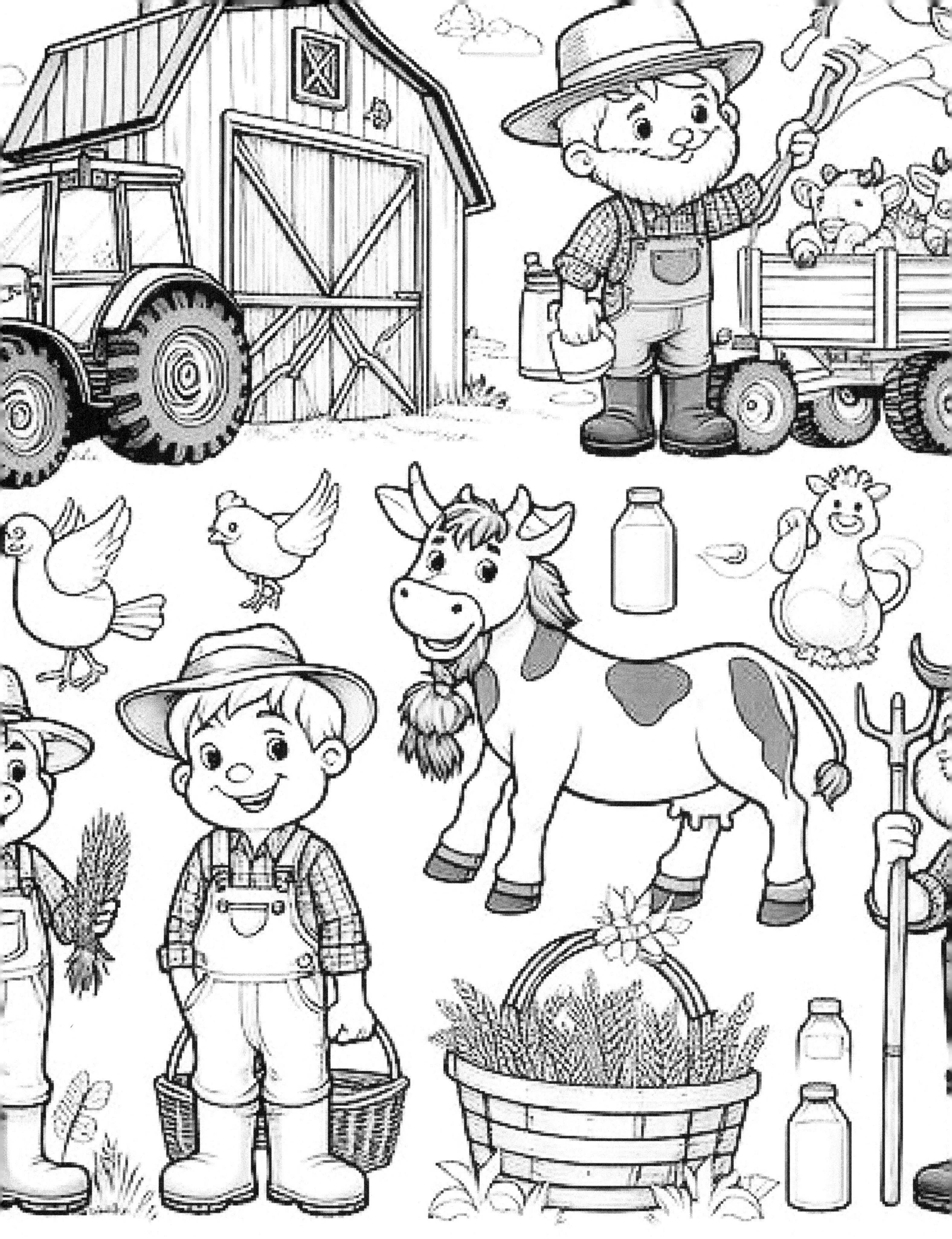

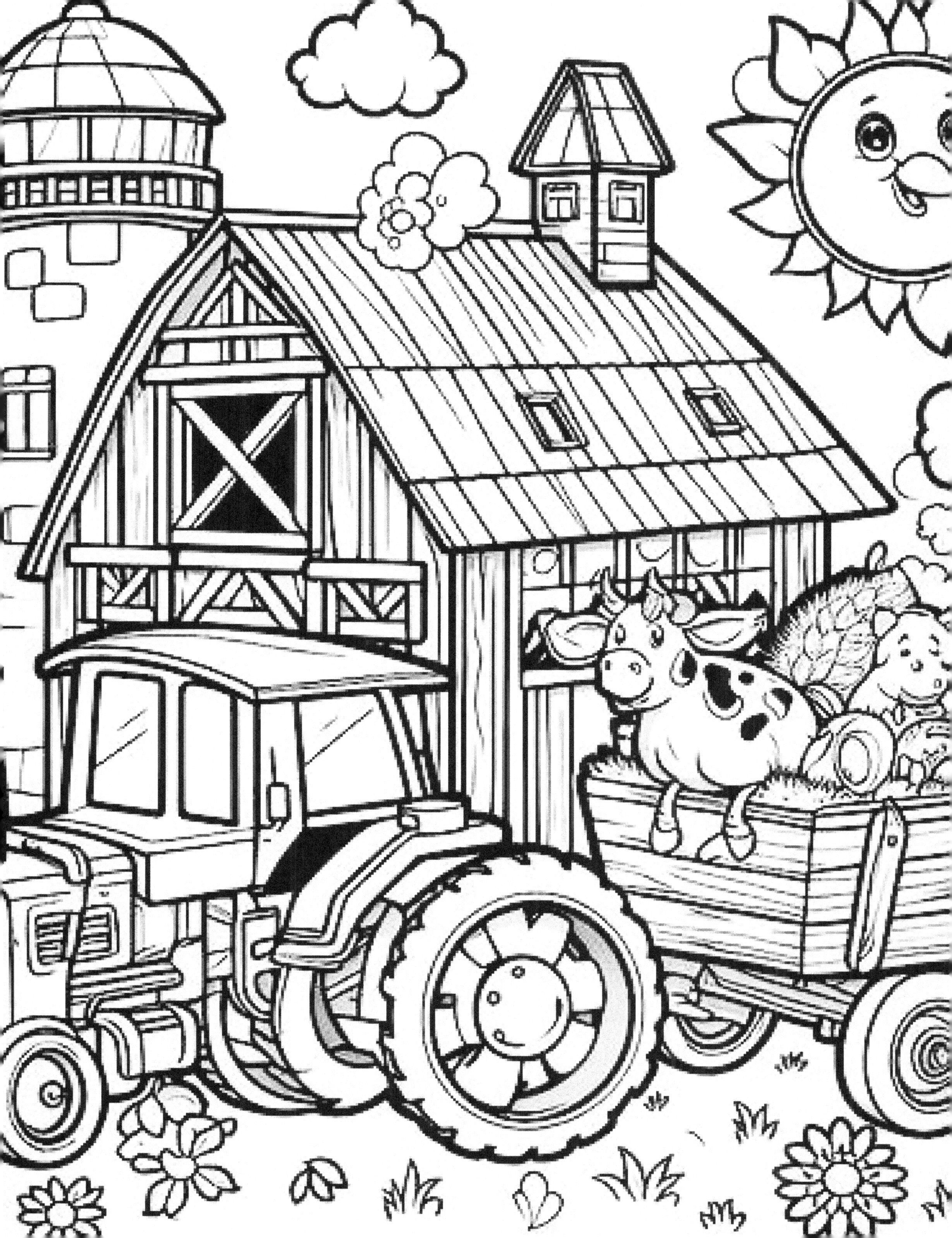

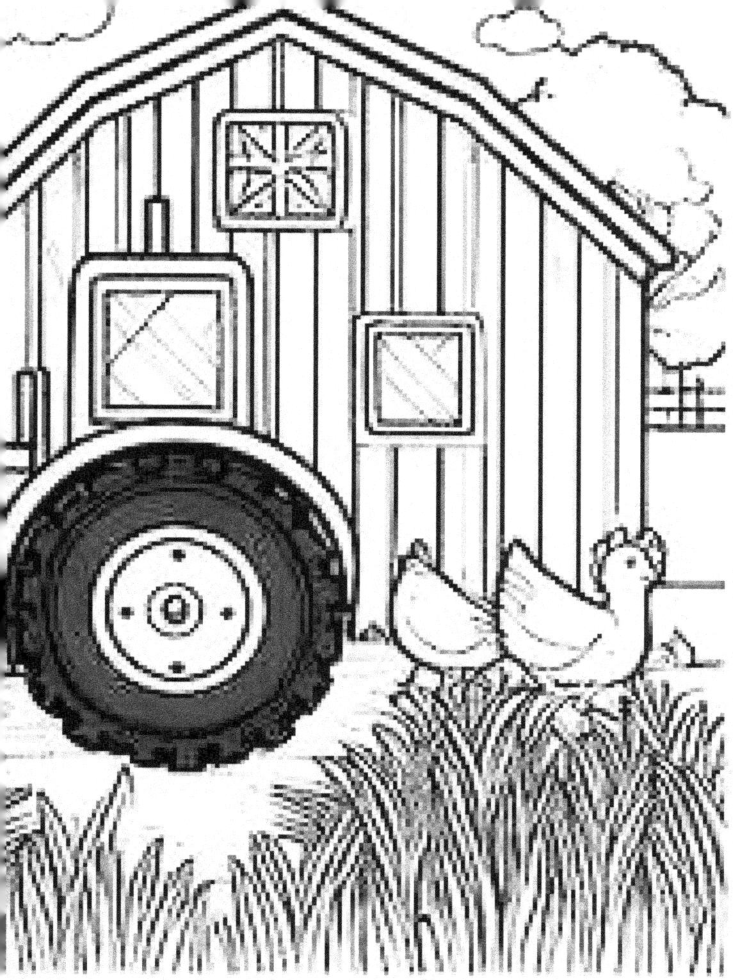

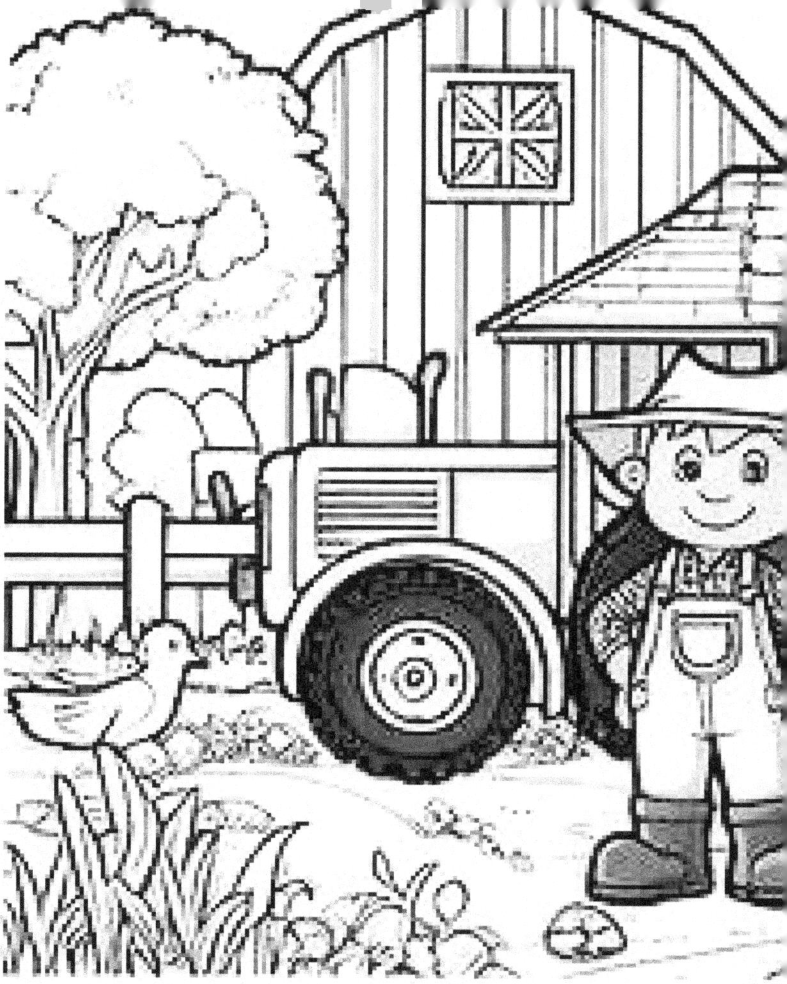

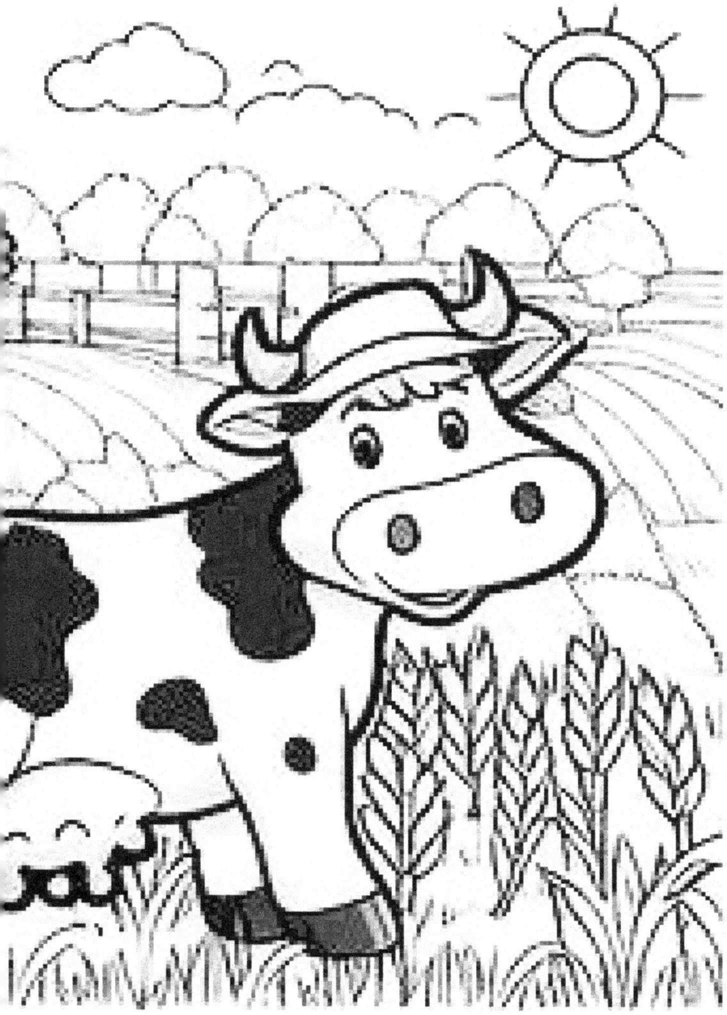

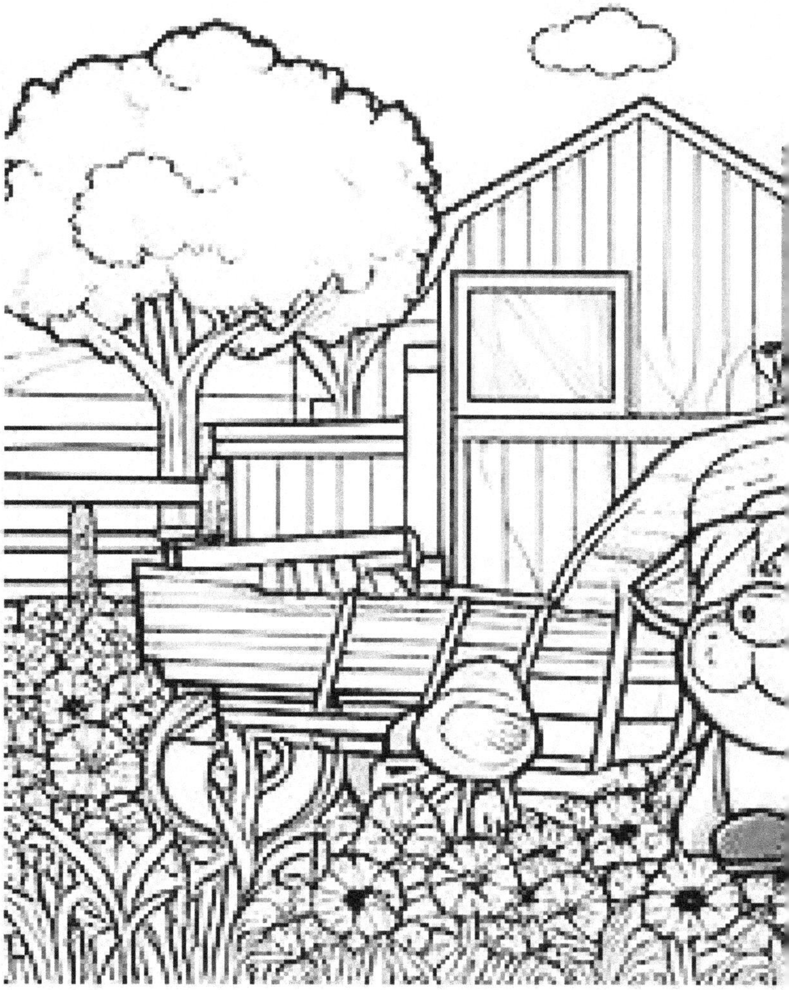

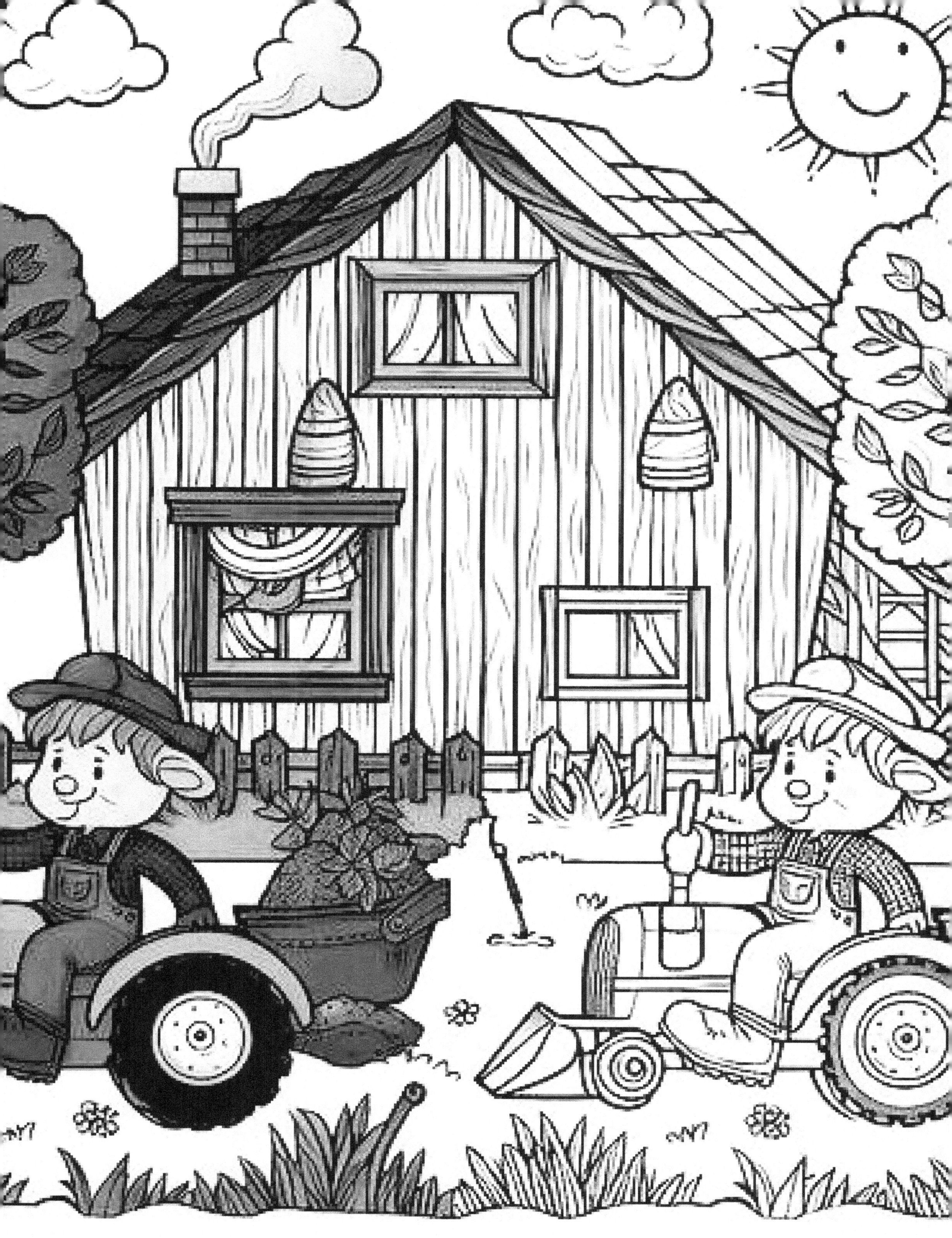

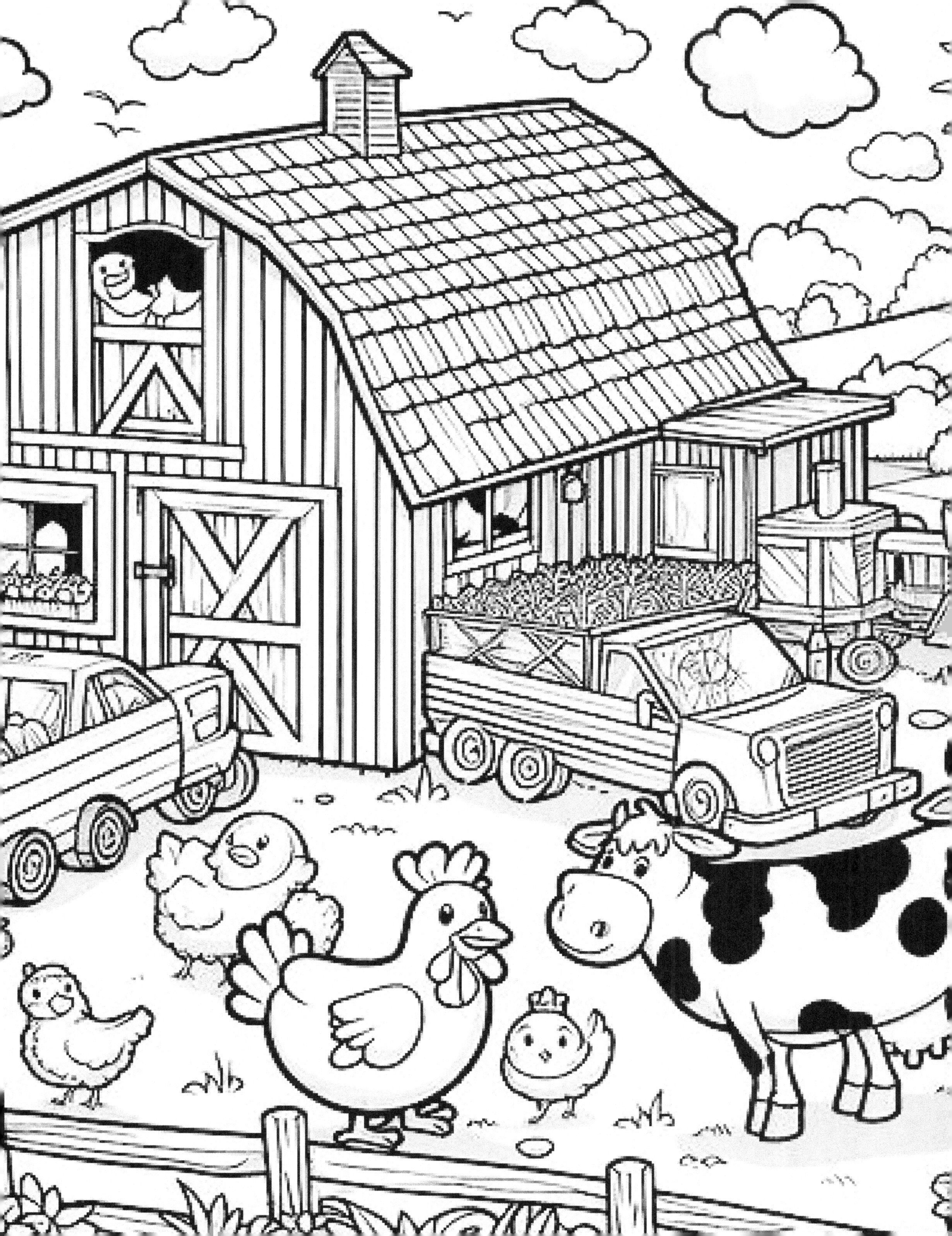

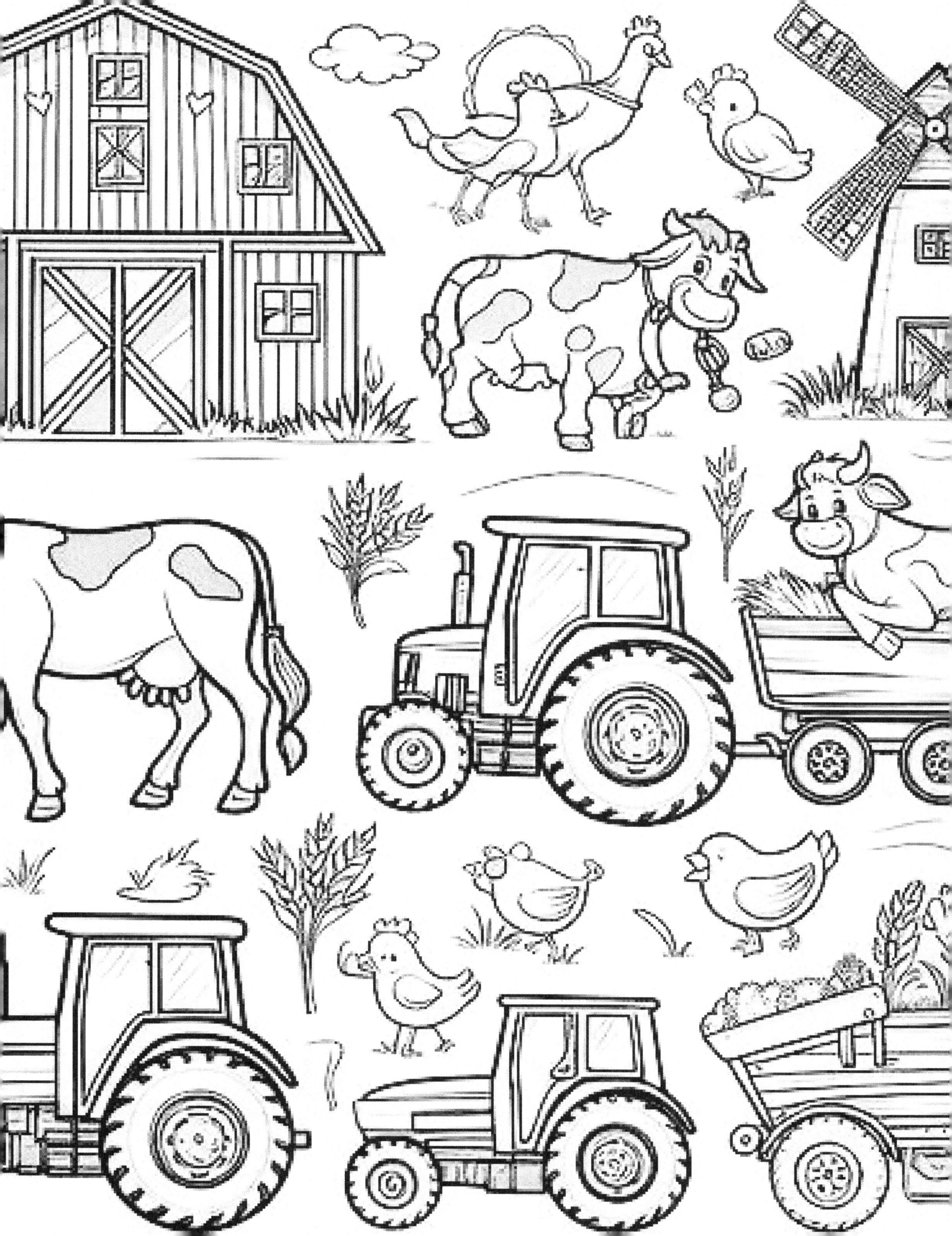

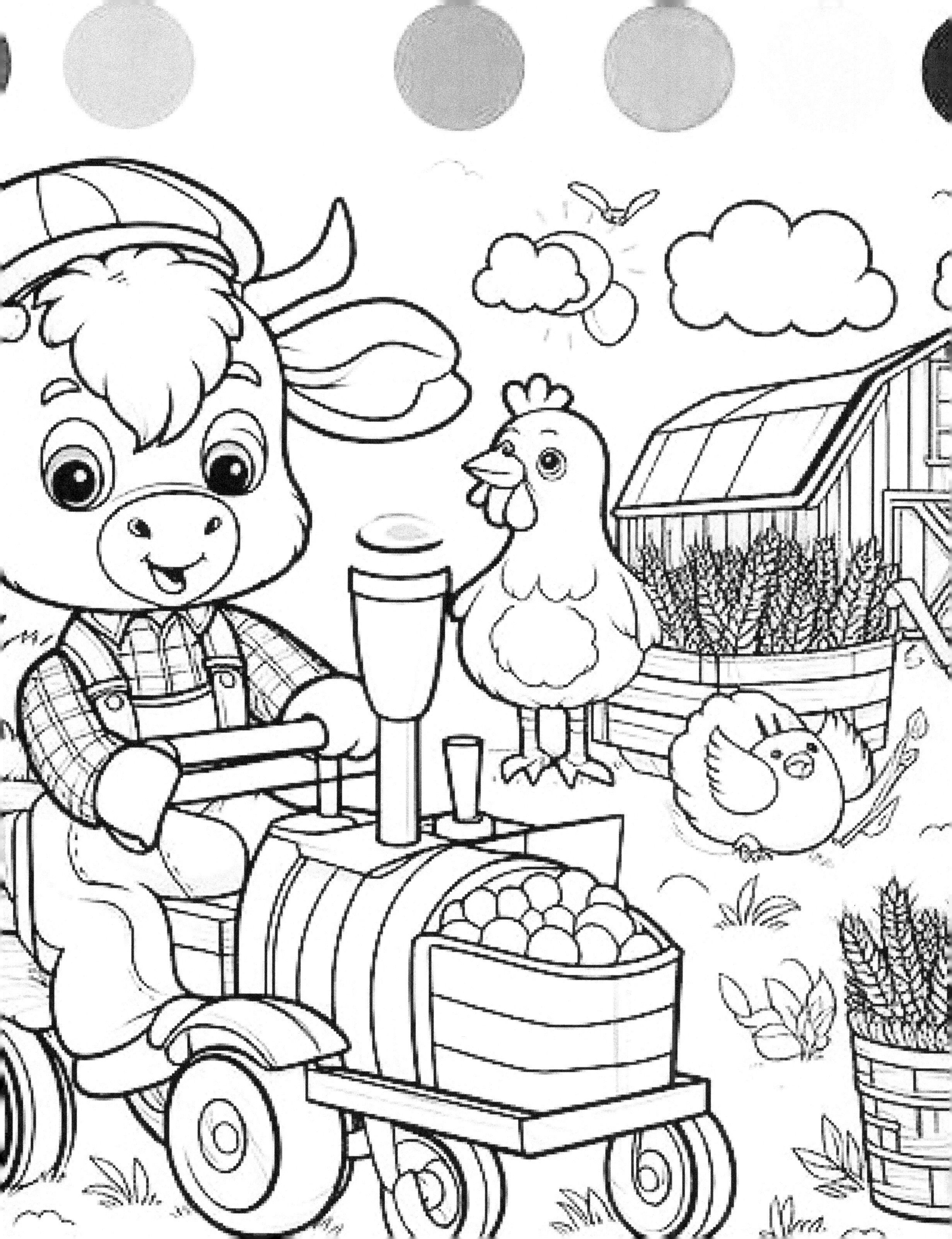

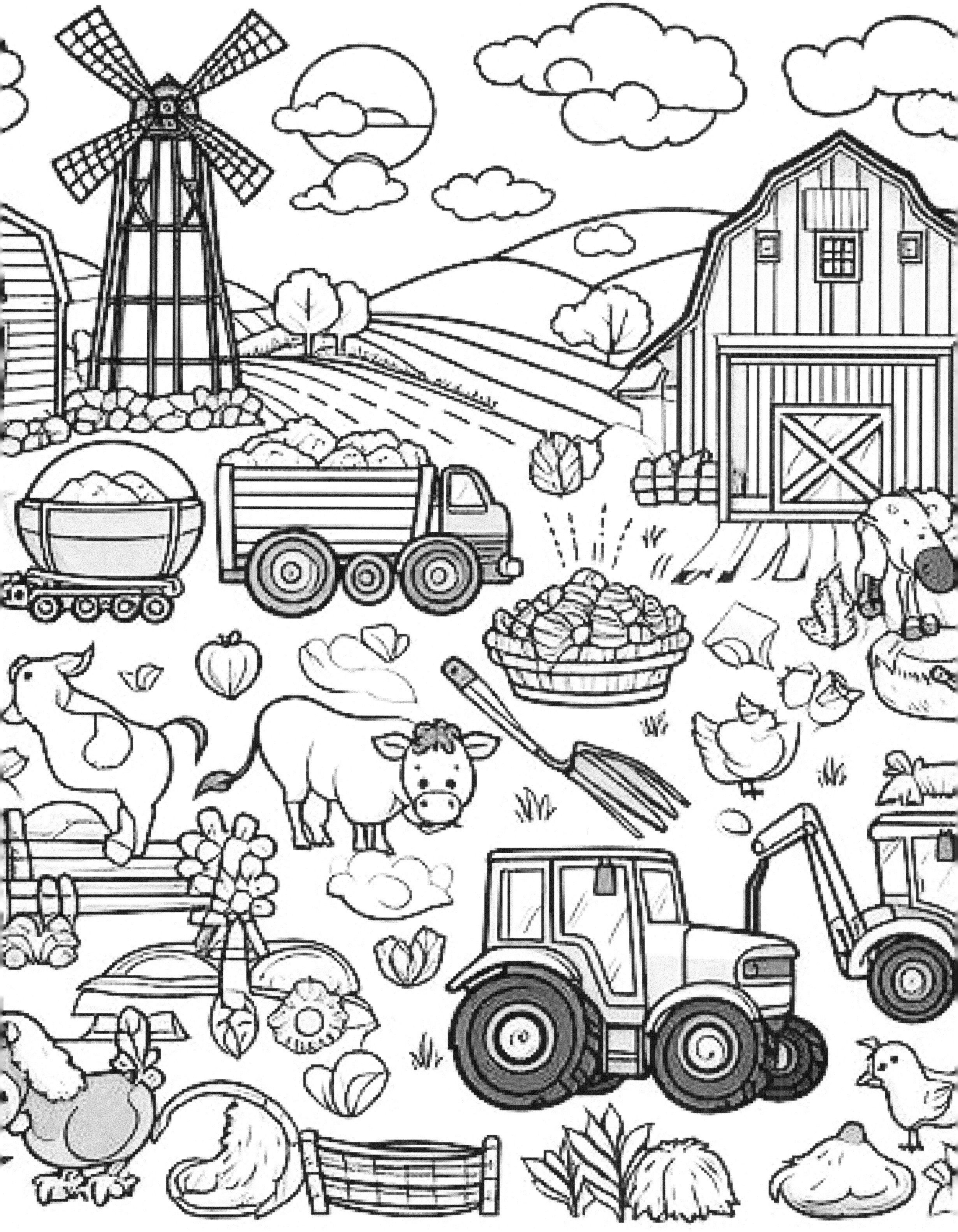

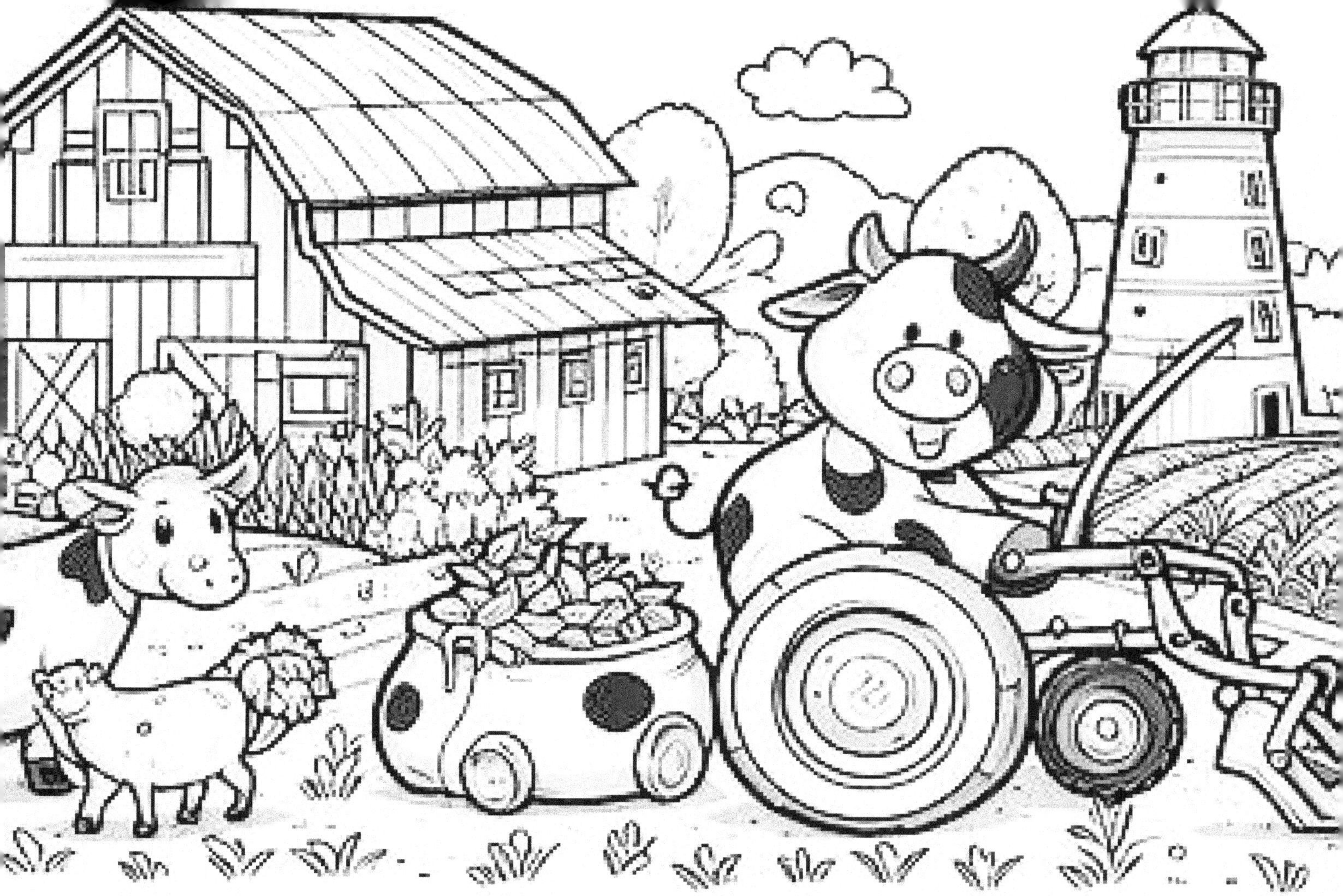

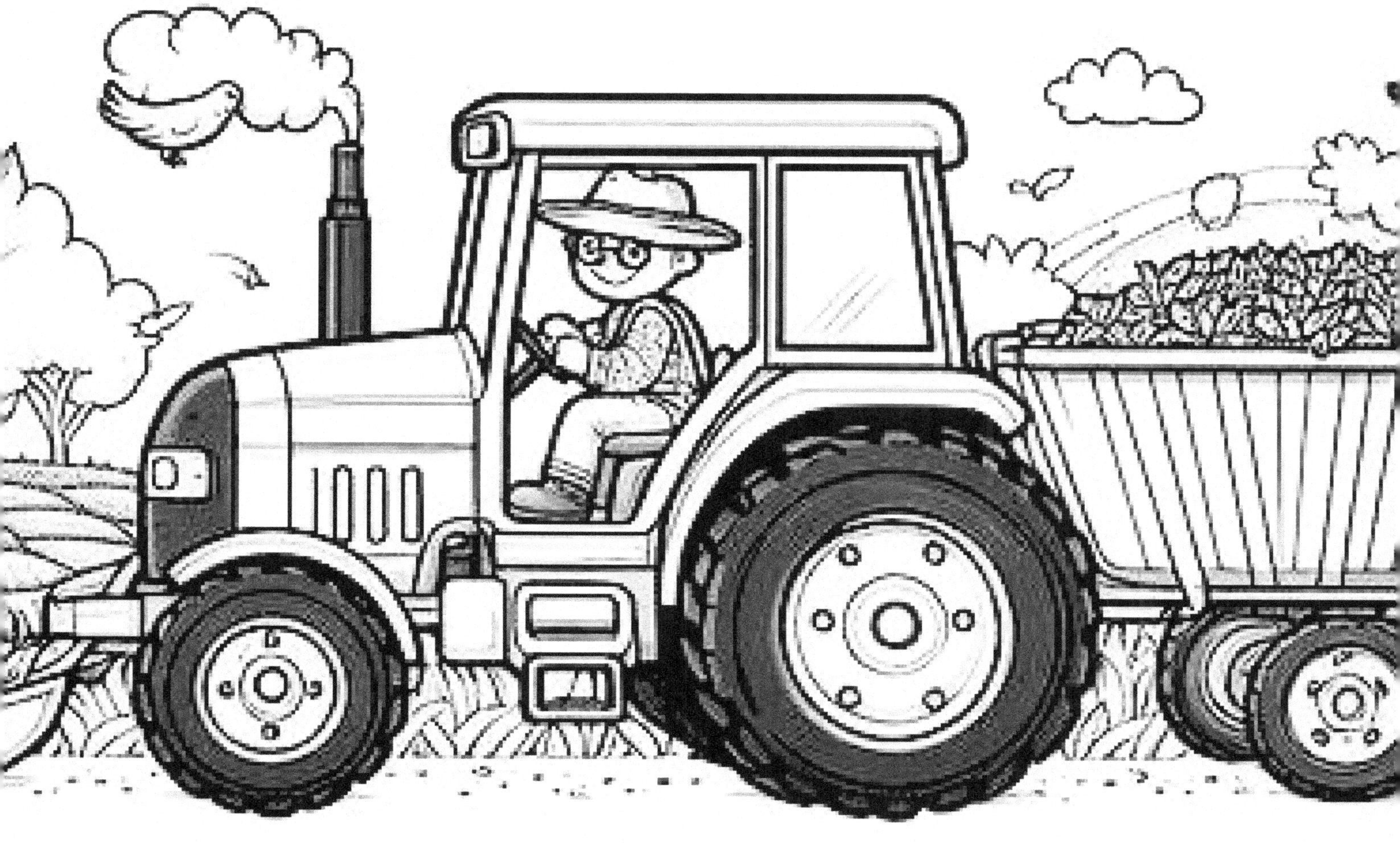

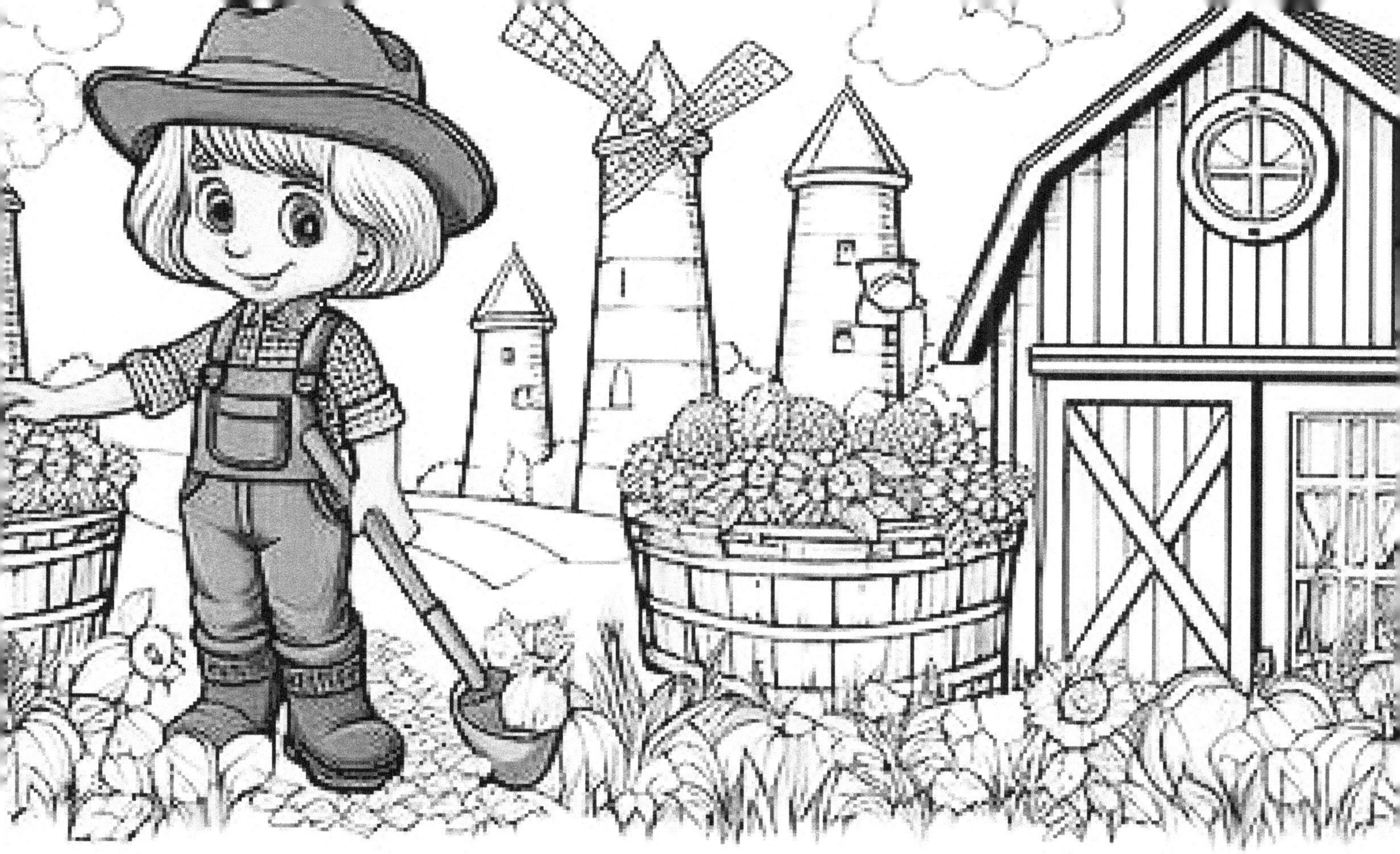

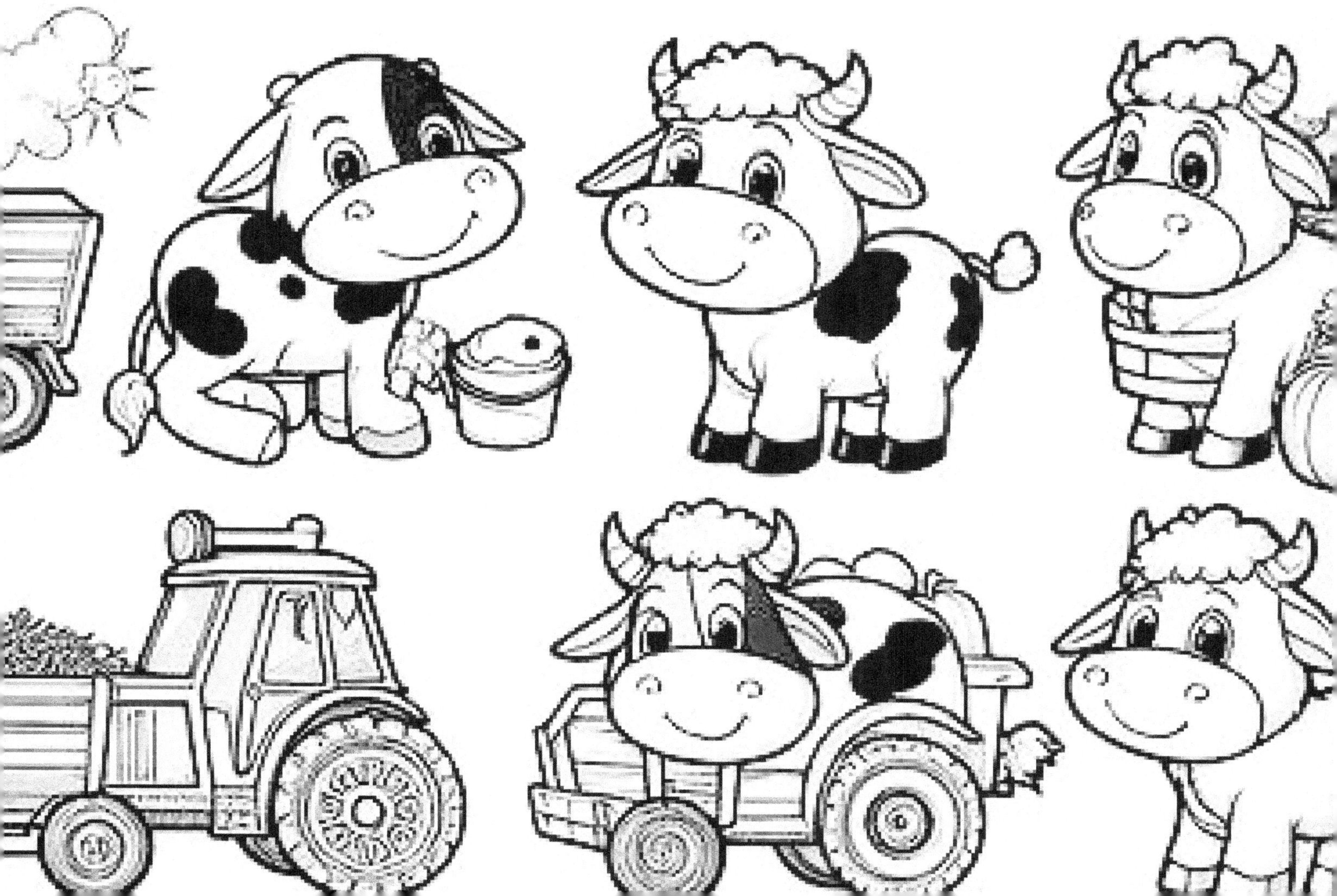

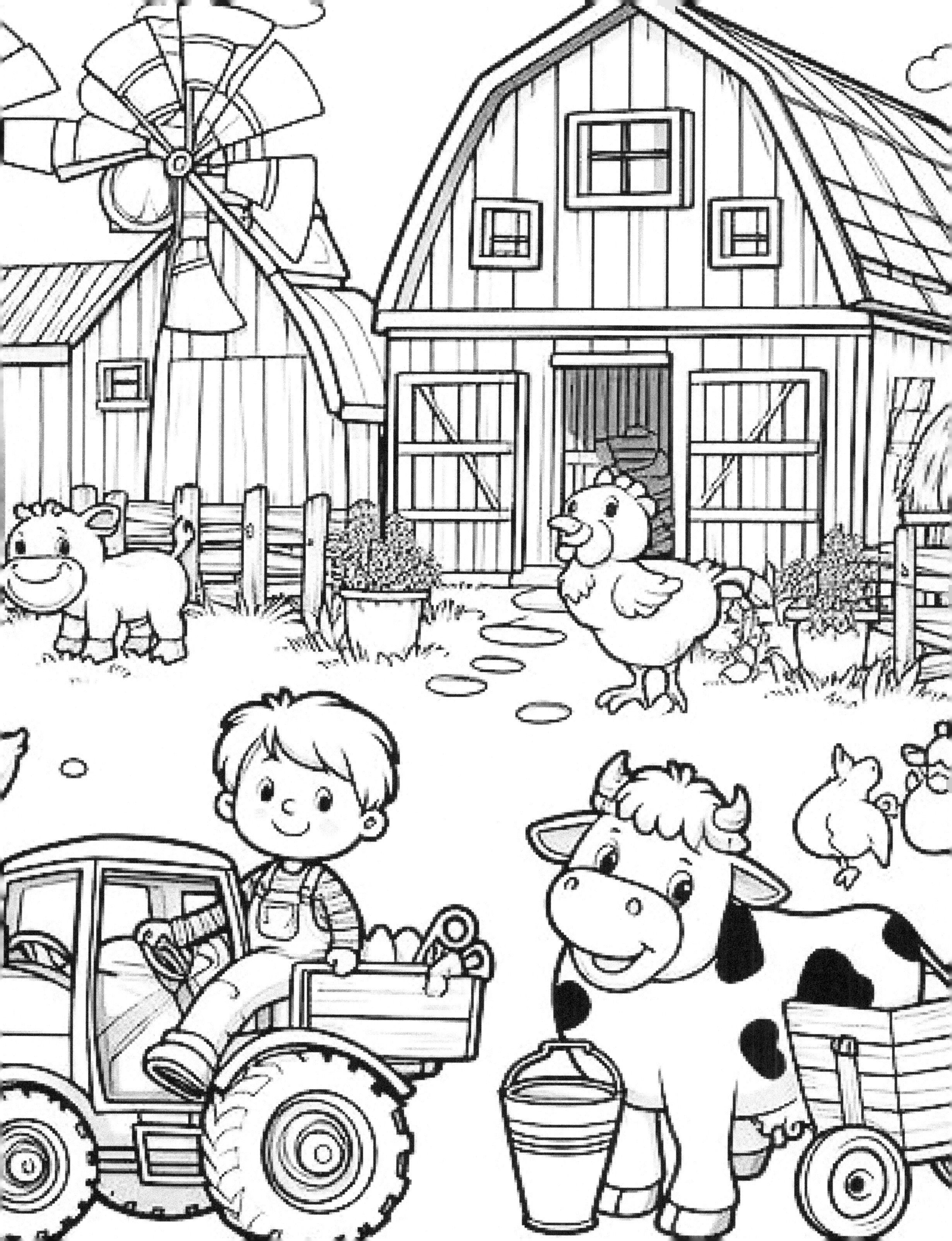

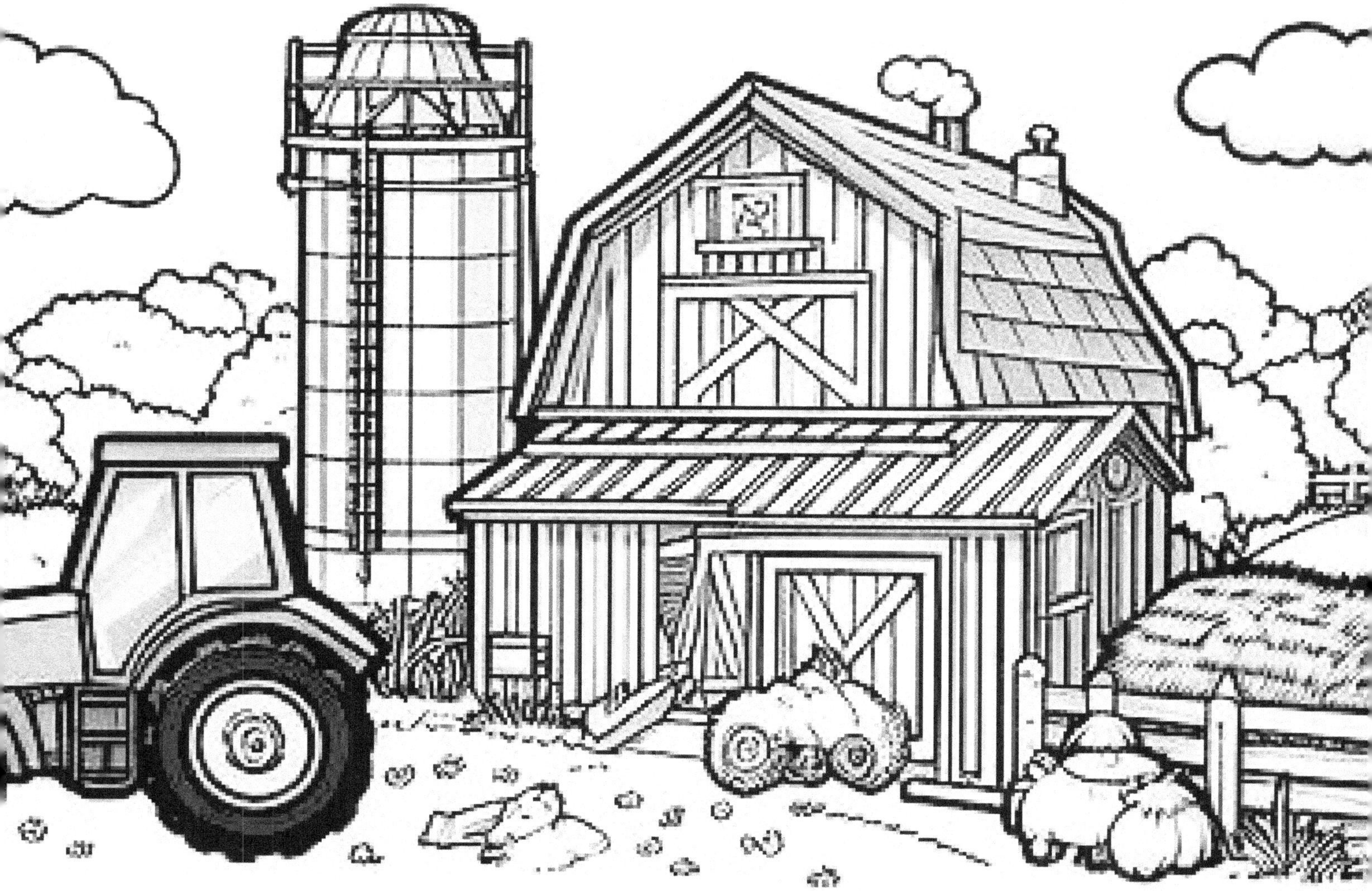

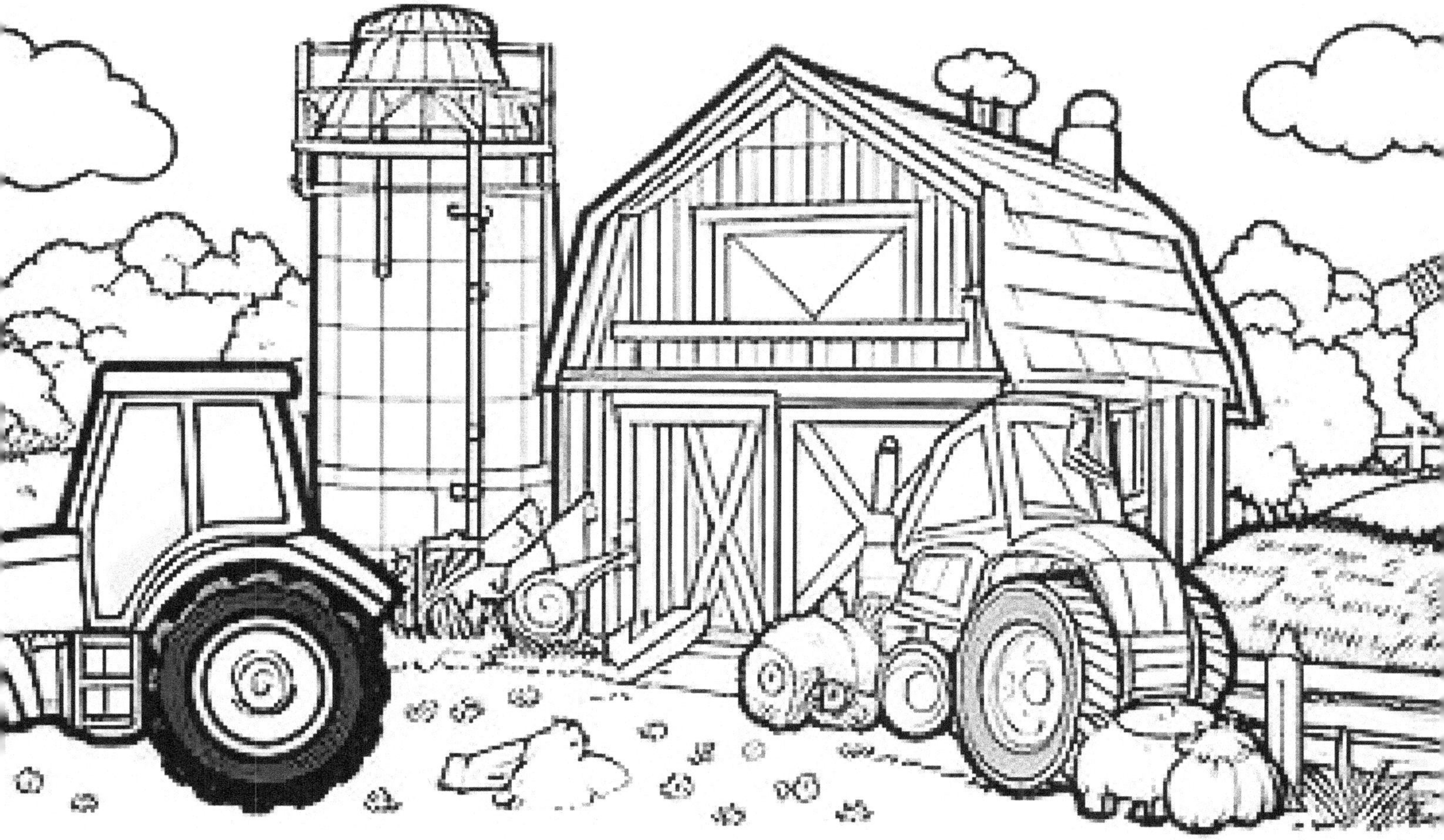

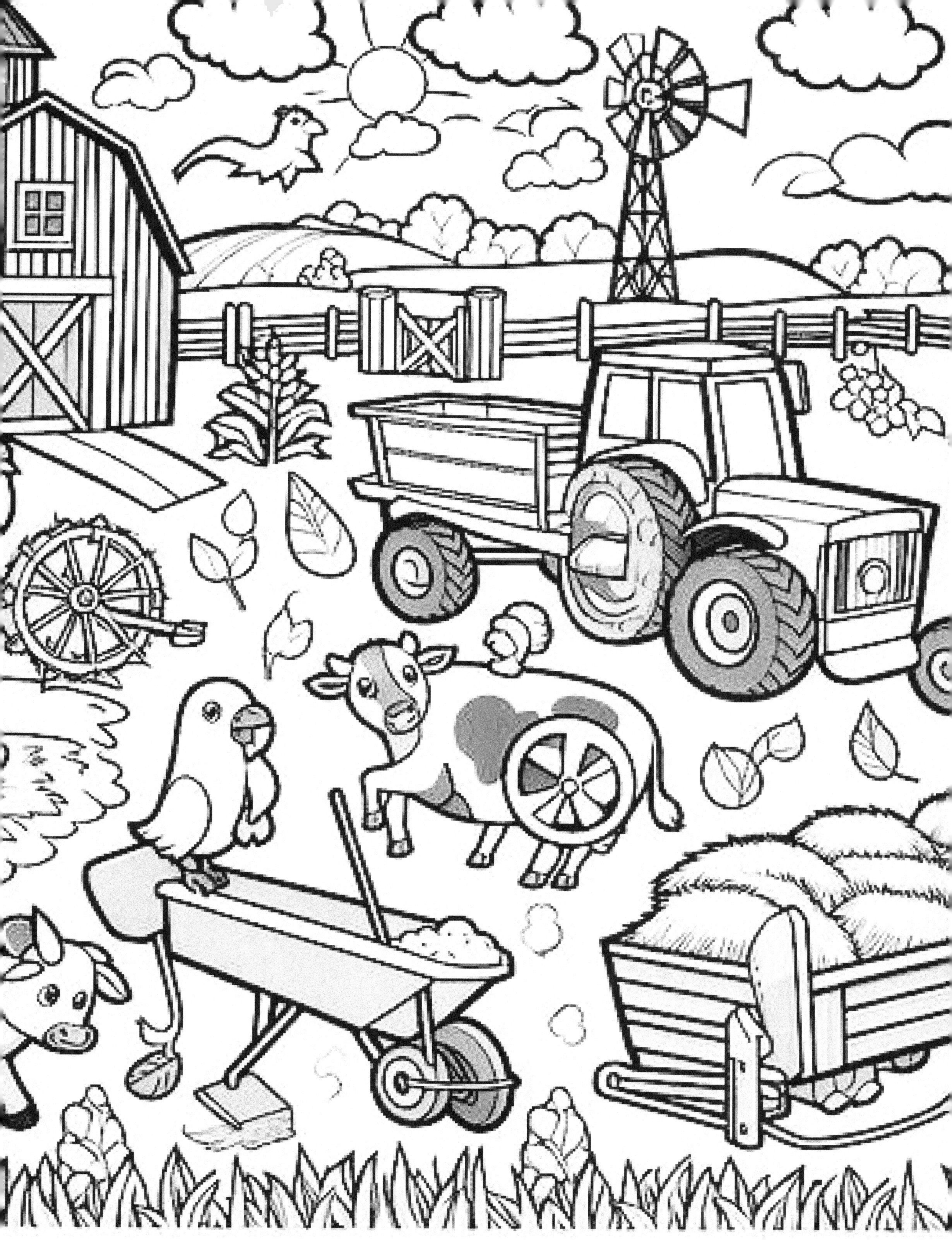

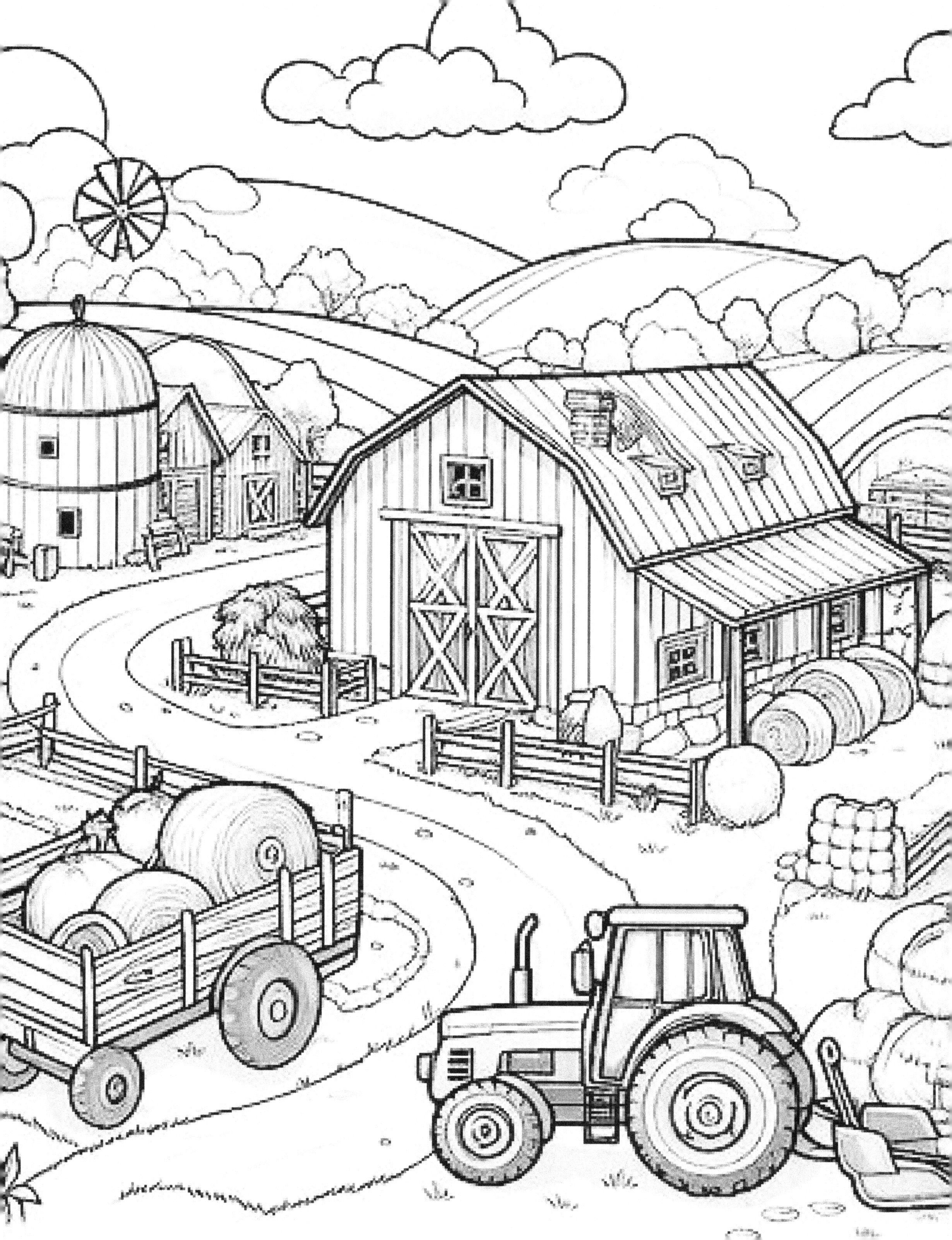

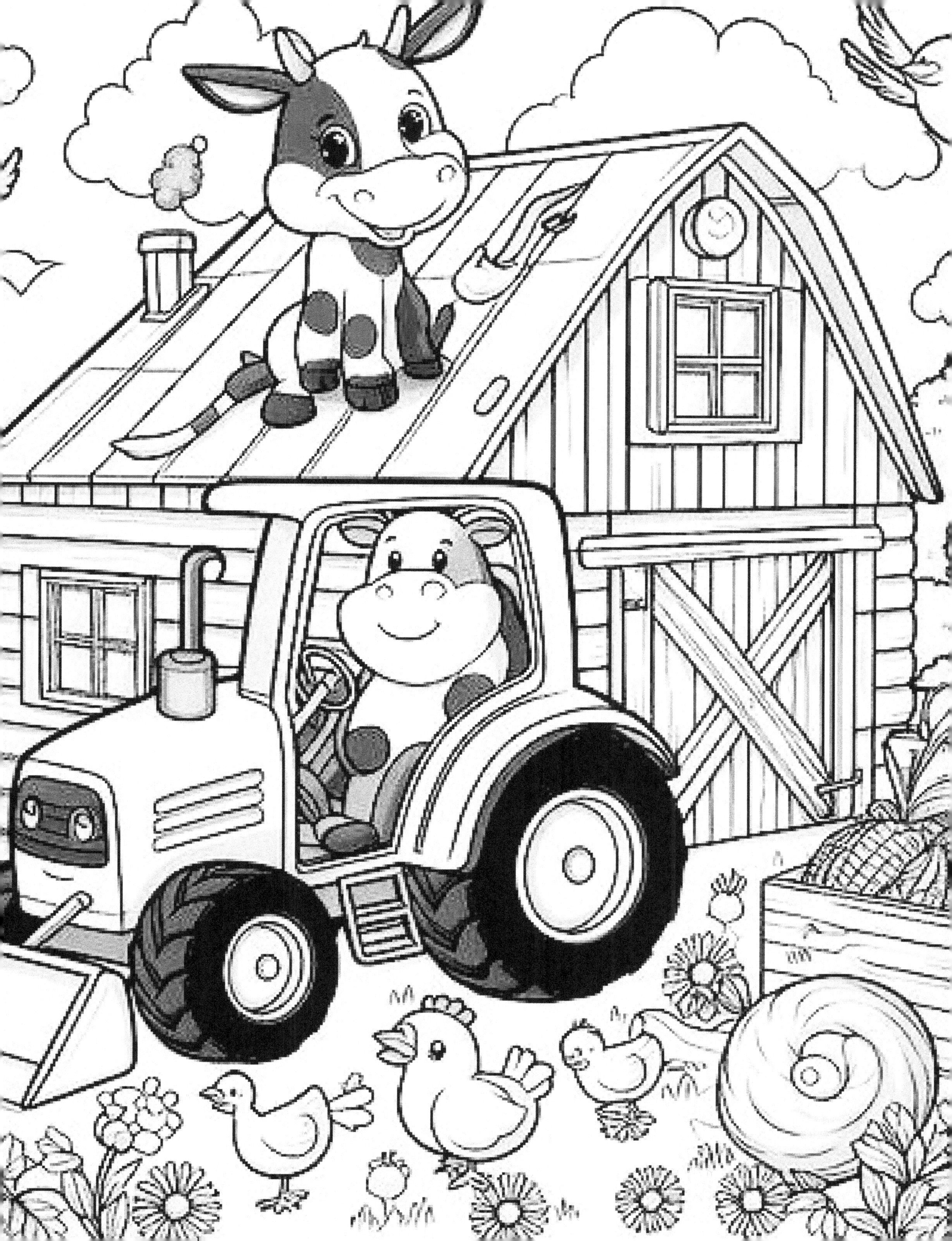

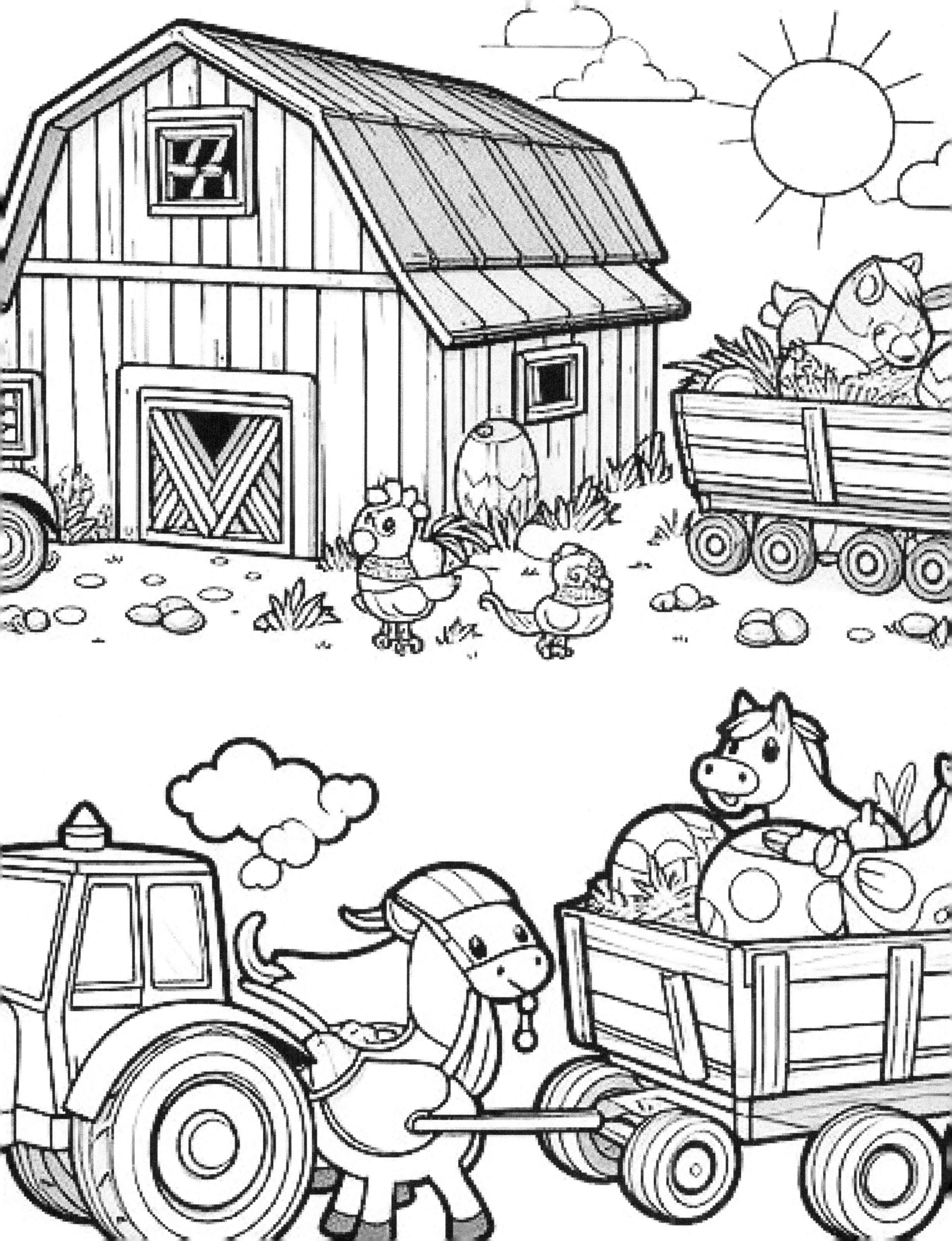

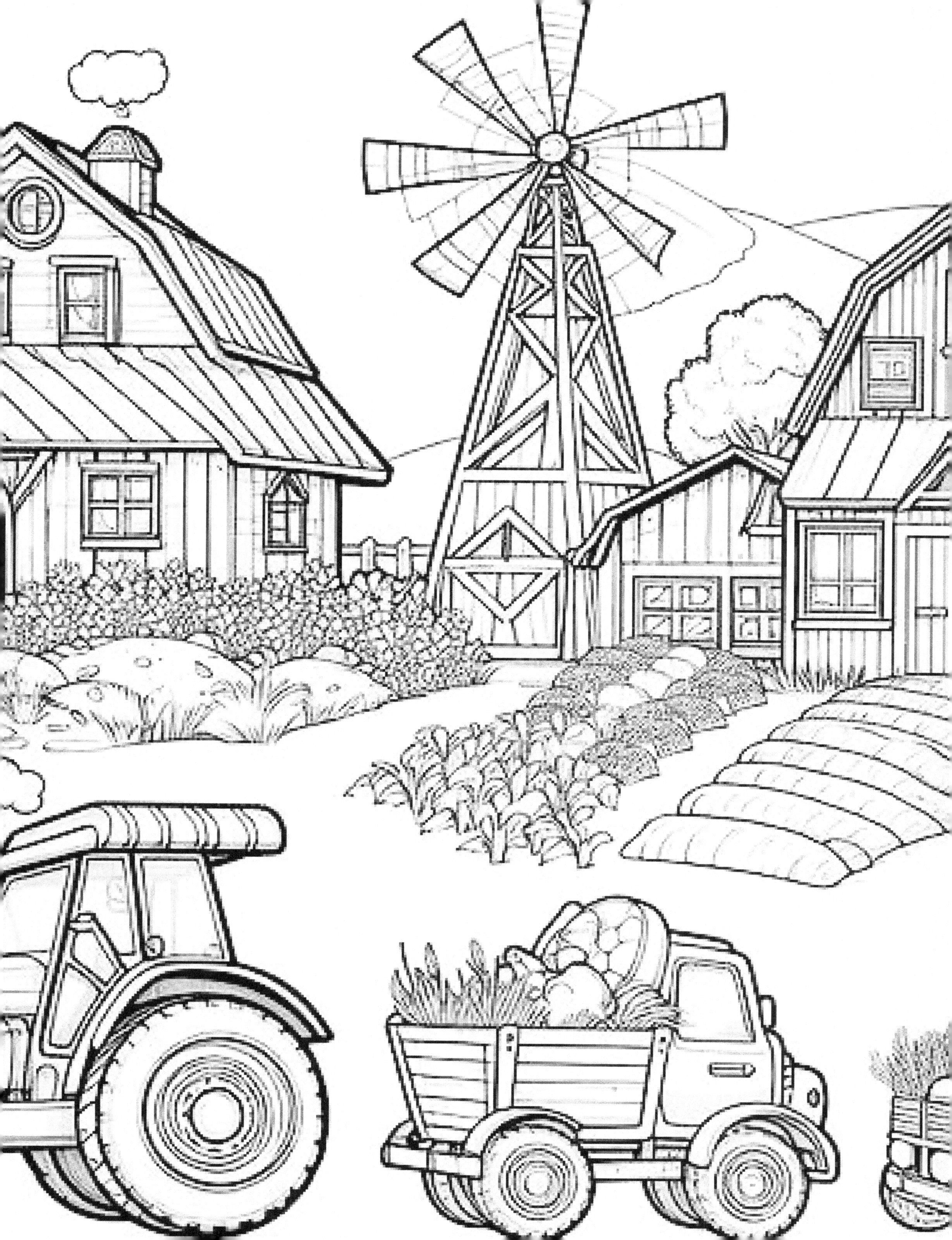

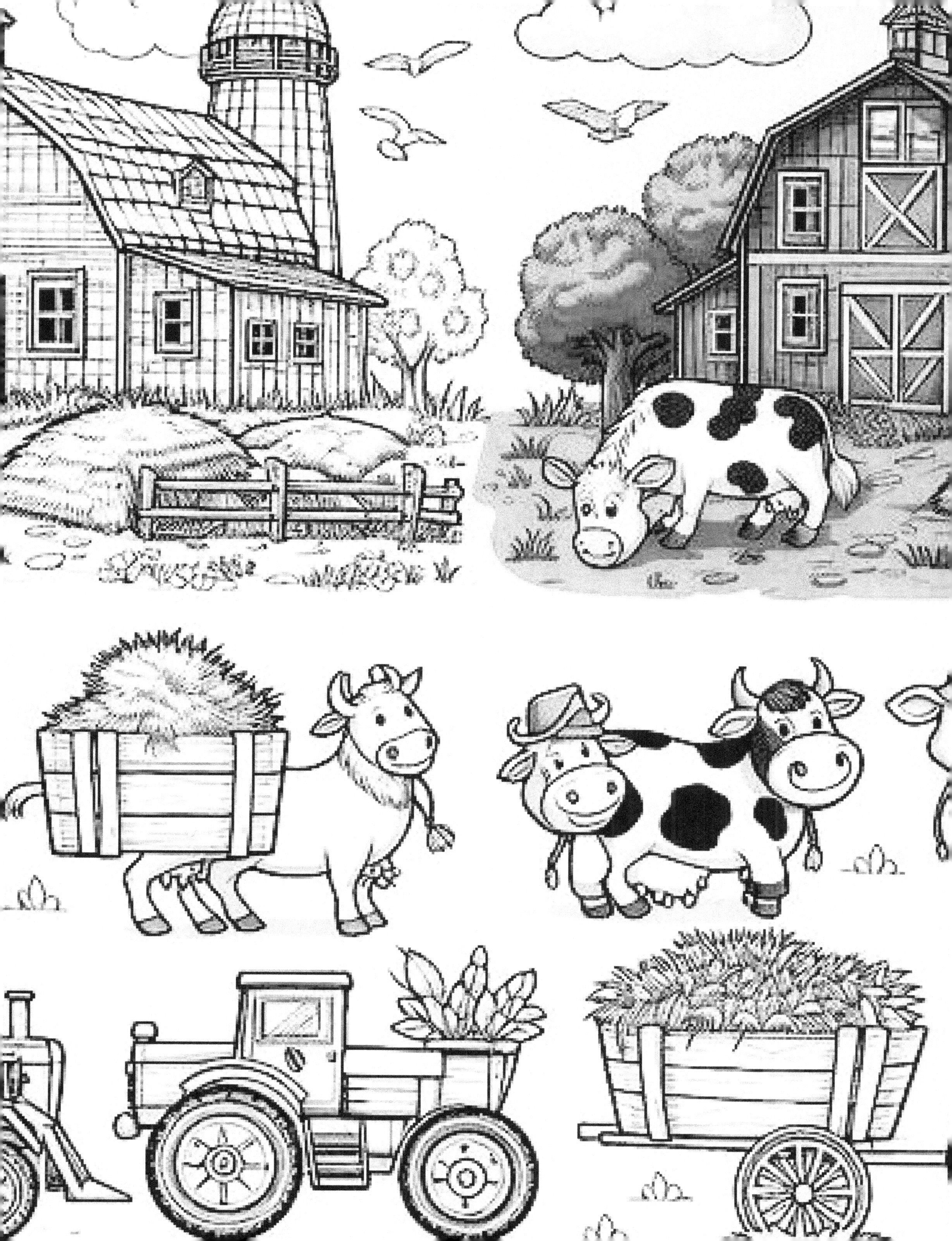

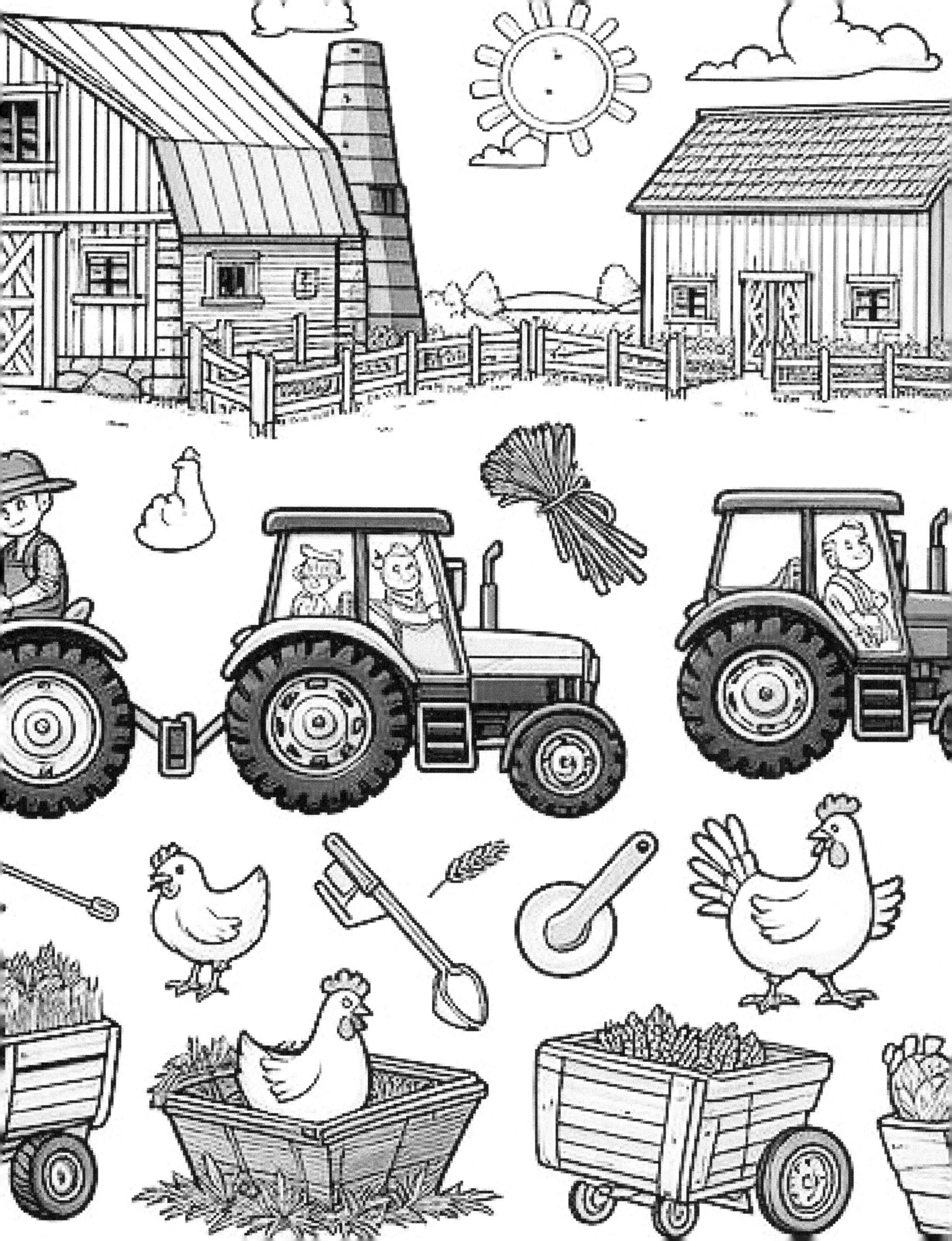

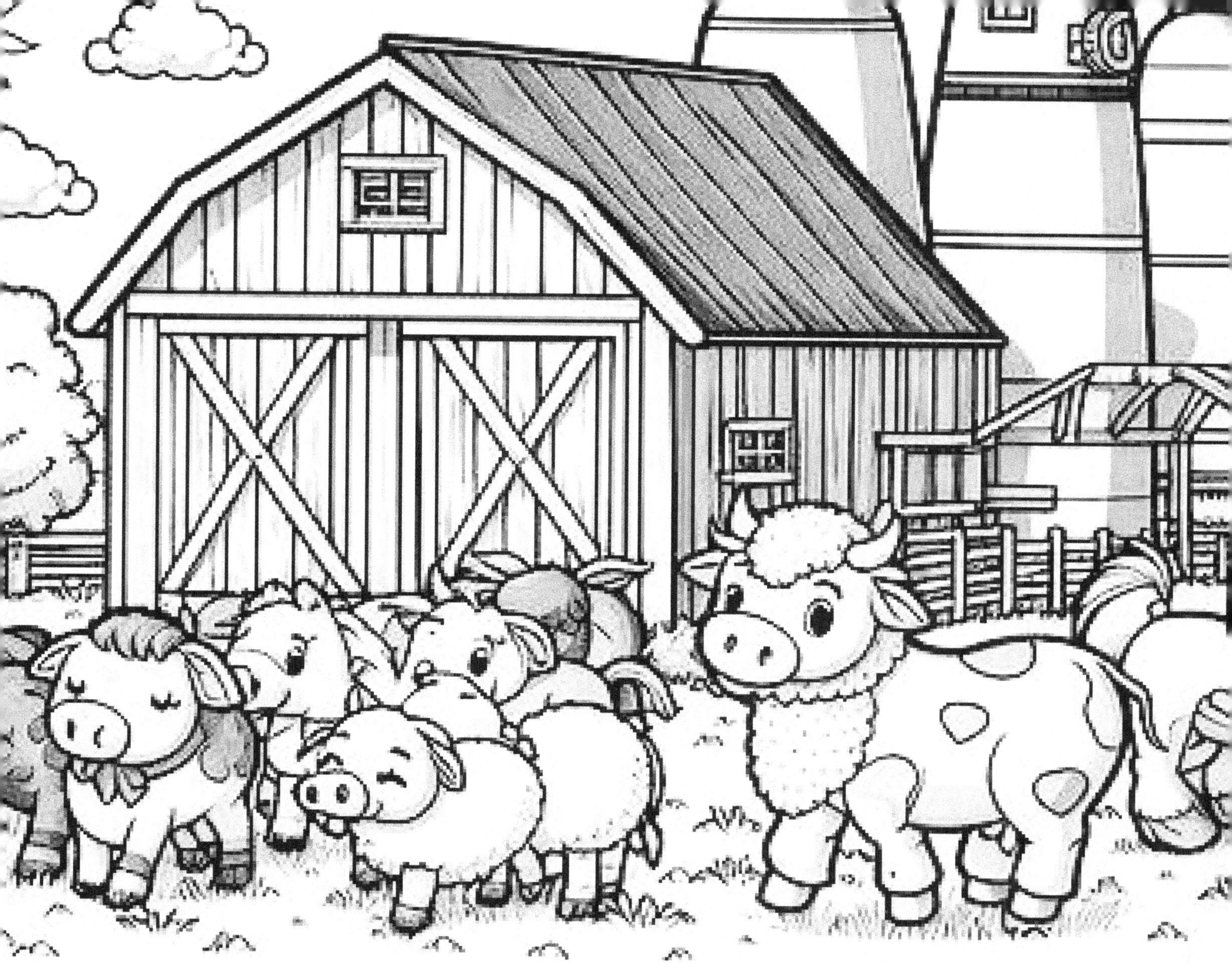

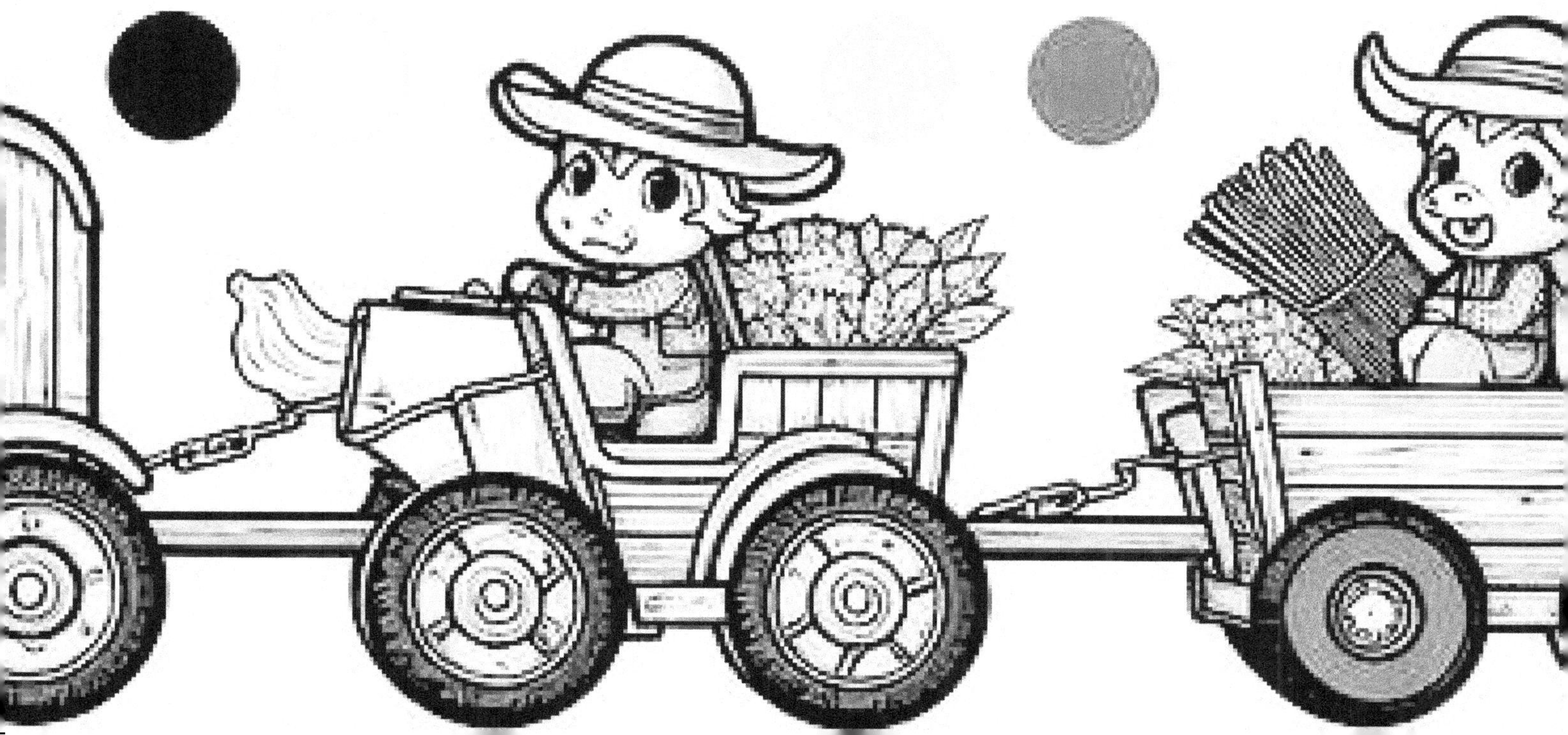

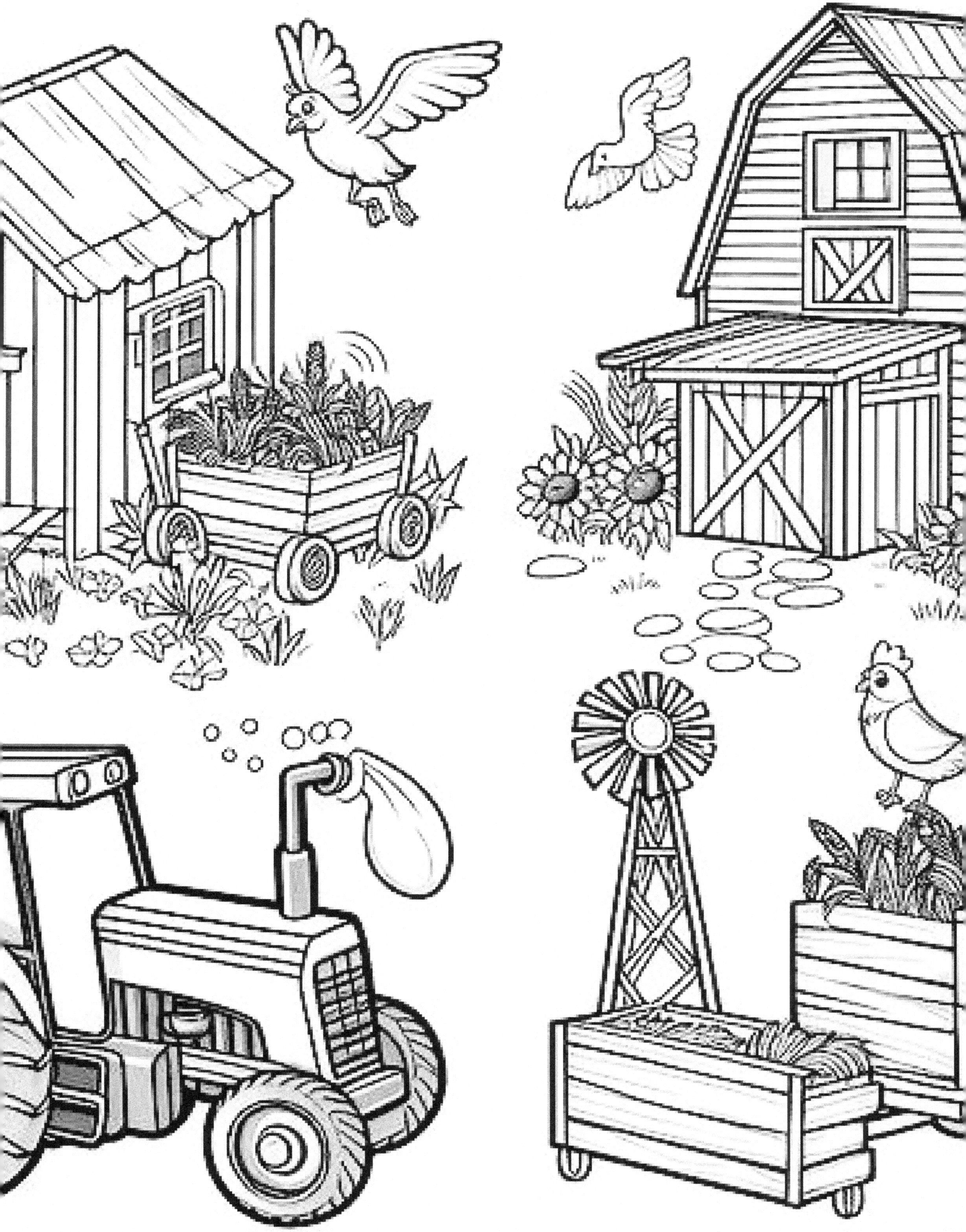

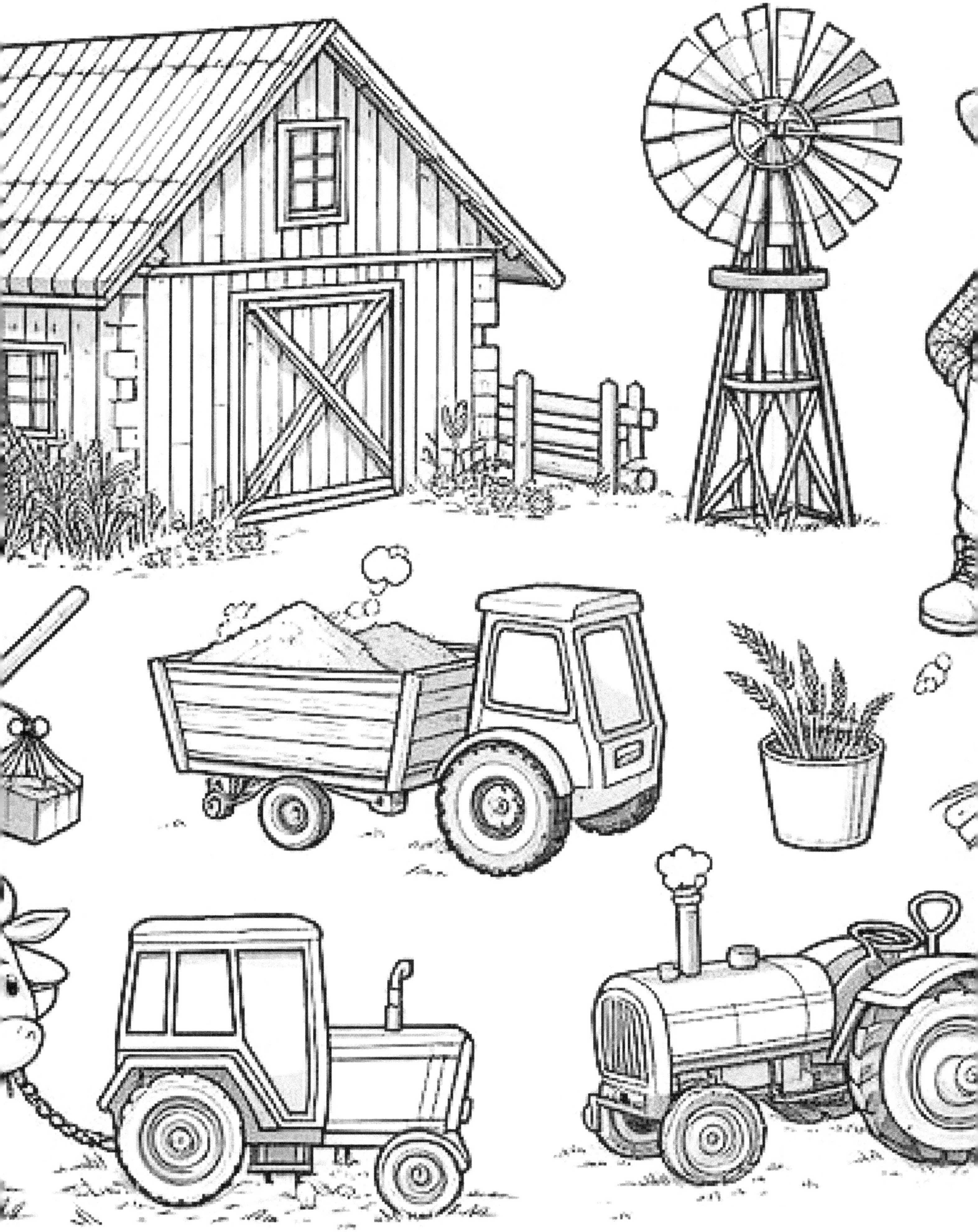

www.ingramcontent.com/pod-product-compliance
Lightning Source LLC
Chambersburg PA
CBHW082215220526
45470CB00010B/3170
* 9 7 9 8 3 2 4 7 9 6 0 9 9 *